レムリア&古神道の魔法で

面白いほど願いはかなう!

古代日本の「祈り」が起こす奇跡

大野百合子

徳間書店

意識とエネルギーの花

古代から伝えられたシンボルは、
意識を変容し拡大するパワーがあります。
色や形そのものが、エネルギーを放射しているのです。
夜空の夜の紺色は、神秘の眼を開きます。
中央上（大きな円、小さな三角形が集まっている絵）
のシンボルが「意識」、
その下（渦巻きの絵）が「エネルギー」を象徴しています。
それは私たち人間存在そのもの。
ぼわっと全体を見るような感じでカードにフォーカスしてみましょう。
無意識の世界と意識の世界が自由に交流し合って、
私たちの望みをかなえてくれるでしょう。

※この絵は切り取って額に入れて飾ったり、
バッグの中に入れて時々眺めていただいてもいいと思います。

あなたのエネルギーが
生き生きと流れれば、
シンプルに豊かなエネルギーが
降り注ぎ始めます。

六根清浄《ろっこんしょうじょう》という祝詞《のりと》が伝わっていますが、
この中に古神道《こしんとう》の真髄《しんずい》が表されています。
この祝詞には、
レムリアの一元のエネルギーが
手つかずに流れているのです。
願望実現の言霊《ことだま》です。

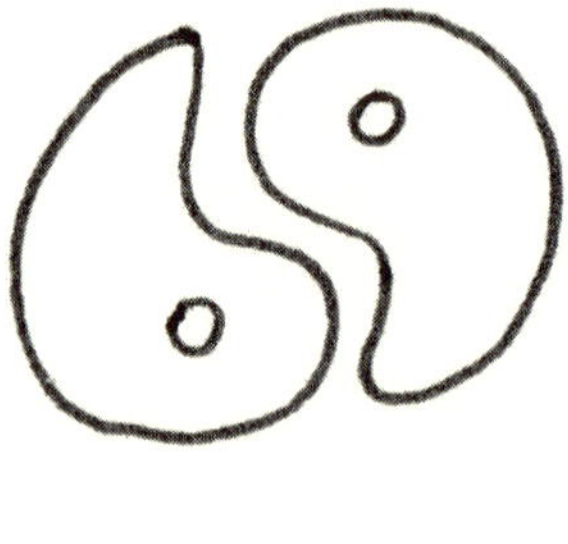

六根清浄には、
私たちの心は、
神様の源そのものであること、
五感と意識すべてが、
本来清らかであると断言していて、
それゆえに「願うなら必ずかなう！」と
天照大御神《あまてらすおほみかみ》がおっしゃっているのです。

いま本当に大事なことは、
自分自身に優しくすることです。
自己を受け入れられると、
世界も自分を
受け入れてくれるようになります。

第一章

第二章

第三章

レムリアの叡智のヒーリング

第四章

古神道実践編

第五章

望む豊かさを手に入れる！ 213

装丁　坂川栄治＋鳴田小夜子（坂川事務所）
カバー画・口絵　大野 舞
企画編集　豊島 裕三子
校正　麦秋アートセンター

はじめに――神ながらの道

古代レムリアの叡智《えいち》を伝える古神道は、「『神《かん》ながらの道』を生きよ」と伝えています。古来、日本の人々は緑と水の、四季の豊かな日本の自然のすべてが神聖で、神々が宿っていると感じてきました。

かんながら……かむながらの道とは、神聖な森羅万象のあるがままを生きるということです。

子どものころ、「どちらにしようかな、神様の言うとおり！」って言いながら、物を選んだ体験はありませんか。

和の叡智は、私たちの内には、天地創造の源である天之御中主神《あめのみなかぬしのかみ》そのものの分け御魂《みたま》が宿っていると教えています。

神様は、私たちの外にも中にも在《あ》って、響き合っているのです。

何しろ、腎臓には罔象女神《みずはのめのかみ》というように、五臓にもちゃんとお名前のある神様のエネルギーが宿っているのですから！

ですから、「神様の言うとおり」の「神様」とは、創造の源と共鳴する個としての本当の自分自身の「まごころ」です。


古神道では、自分だけではなく、周りの人や動物やモノたちも、すべて同じ根っこから生まれ、この世界というシンフォニーを奏でているというように考えます。

教祖も戒律もありません。

他の考えや宗教を否定することなく、心が歓《よろこ》びに満たされる「在りよう」や生活の仕方が伝わっているのです。

そして、この「人としての在り方」が、まぎれもなく私たちに望む豊かさをもたらしてくれる唯一無二の秘訣です！

もう一つ、古神道には、「言挙げしない」という教えが伝わっています。つまり、理屈で考えない、解釈や説明をつけないということ。

頭ではなく身体で感じて実際に体験してくださいということです。

本書にご紹介した様々な実践法も、まずはご自身でやってみて、そして感じてみてください。ご自分の身体で感じたものだけが、本当に自分のものになっていくのですから。

今、私たちは1万3000年ぶりの、とてつもなく大きな変化の時を生きています。私たちの意識が変わり、今までの価値観がすっかり通じなくなるような新しい時代がすでに始まっています。そんなビッグウェーブに、ぜひ「神ながら」で、豊かな波乗りを楽しんでくだされば幸いです。

葉山にて　大野百合子

第一章

古代の叡智が伝える私たちと世界のしくみ

私たちはどういう存在なのか

私たちはどういう存在なのでしょうか。自分が何者かということを知らないと、楽ちんには生きられません。

私たちは、大きく分けて陰と陽の二つのエネルギーからできています。

古神道では陰陽のエネルギーを魂魄《こんぱく》といって、陽が「魂《こん》」、陰が「魄《はく》」で、魂《こん》は魂《たましい》のエネルギー、魄《はく》は肉体意識のエネルギーです。

森羅万象、この宇宙はビッグバンからスタートしていますが、ビッグバンのエネルギーを体現しているのが天之御中主神《あめのみなかぬしのかみ》という神様です。

日本の神話を読むと宇宙の成り立ちがわかるのですが、天之御中主神の次に、二柱の神様がお生まれになりました。陽の魂のエネルギーを体現しているのが高御産巣日《たかみむすびの》神《かみ》で、陰の物質になり得る魄《はく》のエネルギーを体現しているのが神産巣日神《かみむすびのかみ》です。

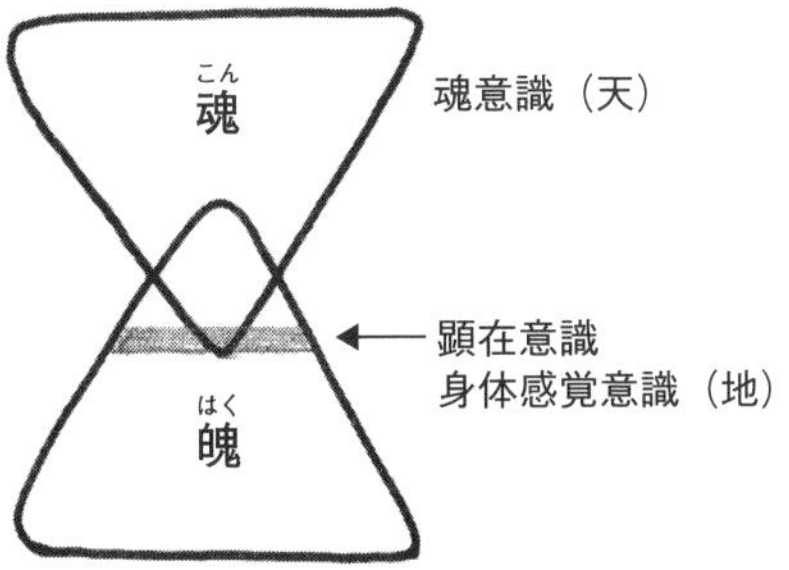

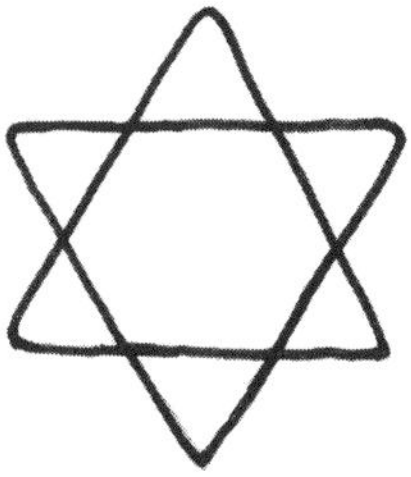

魂魄《こんぱく》合一の状態

日に見えない次元の魂のエネルギーと、物質になり得るエネルギーということで、陰と陽のエネルギーがビッグバンの後に生まれました。

魂のエネルギーは天之御中主神そのものの分け御魂《みたま》といわれていますが、**大もとの天之御中主神が魂と肉体の二つに分かれたわけで、物質もすべて天之御中主神から生まれたのです。日本人の意識の中にある、森羅万象すべて神性である、つまり八百万《やおよろず》の神という概念は、ここから生まれています。**

天之御中主神から、太陽系ができ、地球ができました。大もとの天之御中主神から分かれた物質系の陰のエネルギーがすべてのモノをつくり、地球という星ができて、そこに誕生した生命体がだんだん進化して私たちの身体になったということです。

二種類のエネルギーのうち魂のエネルギーは神道では直霊《なおひ》といいますが、魂は宇宙生まれともいえます。宇宙と言わず「創造《クリエイション》」の世界といったりするのですが、クリエイションの中で直霊は、太陽系以外にもいろいろな場所で肉体を持って様々な体験をしています。魂は、「地球というのはどんなところなんだろう」と思い、団体で体験旅行をしているわけです。

魄《はく》、つまり肉体の意識は、物質あるいは物質になり得るエネルギーだと言いました。水のエネルギーを見ていただくとわかるのですが、水というのは、水蒸気だったら目には見えませんが、だんだん密度が濃くなって温度が下がってくると水という物質になり、さらに温度が下がると氷になります。そんな形で魄《はく》というエネルギーは目には見えませんが、だんだん密度が濃くなっていくと物質になっていくわけです。

私たちの肉体、つまり**魄《はく》のほうは、地球生まれの物質のエネルギーが進化して人間**

の肉体になったのです。

魄《はく》という身体感覚の意識とか知覚の意識とも言われるものは、物理的肉体をつくっている目に見えないエネルギーです。そのエネルギーはいつ生まれたのでしょうか？

「こうすれば生き残っていける」と思った細胞たち

太古の昔に、単細胞の藻類が合体してダブルの細胞になったときに、どうしたら生き残っていけるのかと、周りの環境に反応する感覚意識が初めて生まれたわけです。

例えば、進化の過程において、すごく乾いた土地では水分が要《い》らないような肉体になっていきます。そこが私たちの身体のほうの感覚意識のスタートです。

「こうすれば生き残っていける」と思った細胞が進化して、いろんな形態になっていきました。植物になったり、動物になったりしながら進化して、最後に人間という肉体をつくったというのが、私たちが今宿っている身体の歴史です。

そこで一つ大きなことは、**魂は永遠不滅で、一貫して変わらない**ので、何をつけ加えることもないし、減らす必要もない。創造主と同じなので、すべてわかっています。けれども**肉体のほうは環境に適応して進化をしていく**のです。

進化するためには種を存続させなければいけないので、生き残るための叡智が必要になります。そして、その生き残り戦略を前の形態から次の形態に伝えていかなければならないので、魄《はく》、身体感覚意識のほうも輪廻転生します。**魂《こん》も魄《はく》もそれぞれが輪廻転生する**ということです。

好奇心いっぱいの魂の輪廻転生は、今回はアメリカ、次は中国みたいな感じで世界中を飛びますが、魄《はく》のほうは同じ家系、同じ血縁の中で生まれ変わります。なぜならば、波動が近くてなじみがあるからです。サバイバル目的の魄《はく》にとっては、とりあえずなじみがあるところが安心できます。未知なものは怖くて新しい環境はイヤなのです。例えば、すごくすてきな見知らぬ高級ホテルのバーより、いつも行っている屋台のおばちゃんがいいわけです(笑)。

ポイントは、二つの生まれ変わりのラインがちょうどクロスした部分が「今の私」ということです。**この身体とこの魂の組み合わせは、今回限りです。**

魂と魄《はく》の二種類のエネルギーが同じ方向を向いていればいいのですが、地球というのはどんなところかなと思って物見遊山《ものみゆさん》で団体旅行にやってきた魂は、経験することや観察することが目的なので、苦しみとか悲しみでさえも地球の貴重な体験ということになります。

宇宙のデータバンク、アカシックレコード

日本語では虚空蔵《こくうぞう》、英語では**アカシックレコード**という宇宙の巨大データバンクがあり、宇宙図書館とも呼ばれています。インターネットの情報システムを想像してみてください。私たち一人一人がＰＣで、常に情報をインプットしたりアウトプットし

たりしている巨大な地球すべての情報を集めるクラウドだと思うと理解しやすいかもしれません。**地上の２億６０００万年前からすべての出来事と反応が記録されているデータバンクです。**

私たちは常に無意識で、このネットワークとつながっているので、初めて会った人でも、時空を超えたデータから「なんだか、初めて会った気がしない。なつかしいな」と思ったりするわけです。

アカシックレコードでは、地球は「悲しみの星」と言われていて、「ソロス」という名前がついています。ソロスは「悲しみ」という意味です。地球体験は、「悲しみ」という貴重な経験のできるところ。今の私たちは、「悲しい思いなんか絶対したくないって思っているのに！

魂の意識と身体感覚意識、魂《こん》と魄《はく》が組み合わさっている生き物は宇宙でも本当に珍しいのです。地球というところは感情を体験できる貴重な星だということを覚えておいてください。

私たちはソウルグループの一員として地球に観光旅行に来た

私たちは、ソウルグループという団体の一員として地球に観光旅行に来ています。ＪＴＢとか近ツリと似たような感じで、目的地に着いたら、現地解散、自由行動。ただ、同じソウルグループですから、何だかんだと出会って、絡みます。

魂は、地球上で平均３５０回ほど転生するので、同じ団体旅行のメンバーが同じ町にいれば、どこかで出会いますよね。同じように、いろいろ生まれ変わっている間には、ソウルグループのメンバーと何度も出会うことがあります。

この宇宙のたった一つのルールは、同じ波動同士が引き合うということです。

ソウルグループというのは、そもそも「似た者同士、集まれ！」といって集まっている団体なので、生まれ変わっていくと、出会ったり、知り合ったりする人たちの中には、同じ団体のメンバーが結構います。

そういう人たちと一緒にいると、居心地がいいわけです。例えば、仕事場で、なぜかこの人とウマが合うという人は、同じソウルグループのメンバーの可能性が大です。

家族でも、家族全員が同じソウルグループのメンバーだと居心地がいいのですが、ほかの家族はみんな仲がいいのに、なぜか自分一人だけ違和感があるという場合は、自分以外は別のソウルグループのメンバーだということが結構あります。

それはどうしてかというと、同じソウルグループだと、よしよし、もういいじゃんという感じで成長しにくい。でも、自分と家族が違うソウルグループであれば、自分自身の内側を見つめるということがすごく多くなってくるので、この人生で早く覚醒してしまいたいという人は、あえて同じソウルグループのメンバーの中には生まれないことを選んできたりします。勇気のある魂ですね。

ソウルグループには、人数が巨人なグループもあるし、少人数のグループもあります。私自身はソウルグループの仲間が結構多いと思っています。家族も全部同じソウルグループのメンバーなので、この人生に限っては、違和感はあまりなく、比較的楽に生きています。

私たちは「永遠不滅の魂」と「進化する肉体の意識」との組み合わせでできている

魂は、自分を裁いたりもしないし、純粋に観察しているだけです。ただ、魂には「やり残し」というのがあります。例えば、ある人生でリンゴを半分しかかじらなかった、あと半分かじりたいという思いがあるわけです。それは、いいとか悪いとか、自分を罰するとか罰しないとかは関係なく、やり残しという形です。前の人生では中途半端で死んでしまったから、ちゃんと残りを仕上げたいなと思うのです。

私たちが生きているこの時代は、「完了させたい」という思いを持っている人で溢《あふ》れています。

アカシックレコードを見ると、今は1万3000年ごとの大きなシフトの真っただ中であることが理解できます（63ページ参照）。集合意識が二元性から一元性へ移行する区切りの時期なので、すっきり終わらせようと思って今の人生を生きている人がすごく多いと思います。

逆に、そのことに気がつかないと、無理やり強制終了的に、「ほら、やり残しているだろう。ドーン」みたいに目の前に問題が降りてきます。こういうことが起きていることをまったく知らずに、強制的に出来事に出合わされてしまっていると、つらいと思います。

まずは自分という存在がどういうしくみででき上がっているのがわかると、いろんなことが腑に落ちてきます。自分自身が「永遠不滅の魂」と「進化する肉体の意識」との組み合わせでできていることを知るのが、一番の根本です。

子どもは親の波動を選んで生まれてくる

精子と卵子が出会ったときに、ピカッと光って、ある種の音が出るのです。人工授精のための受精卵をたくさん観察研究した結果、科学者が写真を撮り、音と光をデータとして記録することに成功したそうです。その音は「コール」というのですが、パンと音が鳴って光ったときに、そのハーモニクスに引かれて魂のエネルギーと肉体意識のエネルギーが呼ばれてくるのです。

でも、まだつばをつけている状態にすぎず、魂のエネルギーはあまりにも広大なので、肉体にすぐには入れません。この肉体には自分が入るということはすでに決まっているのですが。

そのときには波動つまりハーモニクスだけで肉体と魂は選ばれてきます。ハーモニクスはいろいろな傾向性の集大成です。

「子どもは親を選んで生まれてくる」というのは、ハーモニクスに表れているという限りでは確かにそうといえますが、実は親の性格まで選ぶのではなくて、**親の波動を選んで生まれてくるということです。**

この話はもっと複雑になっていきます。肉体と魂の話ではそうですが、魂同士では、例えばいくつもの過去世で、今世のあなたの魂と今世の父親の魂がともに過ごしたとしたら、この二人はいろいろなところでいろいろな経験をして、今回はこれまでのやり残しを完了させるためにある種の役割を選んで生まれてくるということもあります。ですから、ハーモニクスで選ぶとはいえ、過去世のご縁を持ち越してきてもいるのです。

この人生のやり残しをカルマと呼ぶ人もいますが、**カルマとは神様から罰を受けるのとはまったく違います。自分で宿題を完成しなくちゃと、選んだものです。**

残念なことなのですが、過去からのやり残し、宿題はやっかいなことに身近な人との間で解消しようとする場合が多いのです。つまり、親兄弟だったり、パートナーとの間であったり。テーマが共通していれば、過去世とまったく同じ魂が相手でなくとも、波動が似通っているなら、宿題を代理のその人と完了させようとします。

なにも、最も近い人を選ばなくてもいいのにと思いますが、なぜか皆そうすることが多いのです。そして課題をクリアしたら、もう一緒にいる必要はないと、離婚するカップルもたくさんいます。カルマがのりの役割をしているのですね。

人間は未熟な状態で生まれるので、どうすれば生き残れるか一生懸命感じて選び取る

人間は未熟な状態で生まれるので、赤ちゃんのときは何にもできません。馬や牛は生まれてすぐ立ち上がりますが、あのようになるまでに、人間の場合は妊娠期間があと一年ぐらい必要だといわれています。人間は二足歩行をしているために骨盤が狭いので、十《と》月《つき》十《とお》日《か》ぐらいの大きさがぎりぎりで、それ以上大きくなると産道を通らないのだそうです。

だから、赤ちゃんは誰かに世話をしてもらわないと必ず死んでしまう。そうなると、身体感覚の意識として、ともかく**5歳くらいまで、「どうしたら生き残れるか」というサバイバル戦略を一生懸命感じます。そして、それぞれの子どもたちが、サバイバル戦略を自分の中で選んでいくのです。**

例えば、ある種の昆虫や動物は、擬態といって、周りに溶け込んで目立たないようにすることで生き残ります。人間の場合は、自分が思ったことを言ったとき、愛してほしいと思っているお父さんやお母さんに怒られた。すると、「自分の意見を言ってはいけないんだ、自己主張をしてはいけないんだ」と思うのです。

周りの人に合わせて、何でもハイ、ハイと言うことを聞く。あるいは、ニッコリ笑ったら、お母さんがすごく優しくしてくれた。だから、「いつもニコニコしていなければならない」と思ってしまいます。自分の世話をしてくれる人に気に入られるように生きていかなくてはいけないと**「相手の期待に沿う」という生き残り戦略を決めたとたん、本当の自分の思いをないがしろにしていってしまいます。**

小さい子はサバイバル戦略として世話をしてくれる人の期待に沿うような行動をとりますが、それは方法の一つにしかすぎません。私たちは、ともかく愛されたいのです。どんな親であっても、生まれてきた子どもは親に愛されたい。なぜならば、愛されれば生き残れるからです。

愛の反対は、嫌いではなくて、無関心です。何をやっても愛されない場合に、いたずらをしたら、「忙しい、忙しい」と言っていた親がやってきて、「何をやってんの！」とバシッとたたかれた。親に関心を持ってもらえたわけです。ですから、わざとイヤなことをしたり反抗するのも戦略の一つなのです。

自分の生き残り戦略に気づく

生き残り戦略はいくつもあります。インナーチャイルドワークでは、典型的な４つの生き残り方法があると言われます。

一つ目は、ヒーロー、ヒロイン、つまり達成者になる。いい子で、成績もよく優秀です。達成者の中には、世話役（ケアテイカー）タイプもあります。これは女の子がよくなります。それから、調停役（ピースメイカー）タイプ。長男、長女は、だいたい達成者です。

次は反逆者です。舞台と同じで、同じような役は二人も要らないので、次に生まれた子は、すでに主役の役割、ヒーローは上の子に奪われています。すると、悪いことをして、反逆者になる子が多い。その子は、何か悪いことをしたら親に関心を持ってもらえるのです。

でも、それは機能不全の家庭にいえることで、それぞれがしっかりと愛されていたら、一つの役割で自分が家族を助けていこうとしなくてもいいわけです。

機能不全の家庭だと、ヒーローの子は、自分はこんなにすばらしいんだよというところで親の自慢のタネになって家族を助けている。逆に反逆者は、この子さえいなければ私たち家族はうまくいくのにと、責任を押しつけられる役割をすることによって家族を助けています。

三番目の役割が、「失われた子」と呼ばれるのですが、おとなしい子です。黙っていて、邪魔をしないことで機能不全の家庭を助ける。スッと自分の部屋に行って本を読んでいたりして、全然前に出てきません。

最後がマスコットとかピエロと呼ばれる役割です。お父さんとお母さんが険悪な雰囲気になったら、ずっこけて笑いを誘って機能不全の家庭を助けている。笑わせたり、おちゃらけたりして切り抜けるのも、一つの生き残り戦略です。

これらは全部生き残るための戦略です。期待に沿っていい子になるばかりではなくて、生き残り戦略は様々あると思います。自由に自然体で生きる一つのポイントとしては、自分の生き残り戦略に気づくことです。

私たちは大もとの天之御中主神の一つの幹細胞、直霊《なほひ》です。**自分が創造主なのだから、自分で自分の邪魔さえしなければ、自分の思う人生を本来なら創造できるのです。**

ここが一番の大切な要点です。

でも、私たちの動物の部分でもある魄《はく》の肉体の意識のほうは、生き残らなくてはいけないので、自分の本来の思いより、相手からいかに受け入れてもらえるかを優先してしまっています。**すべての人が求めているのは、愛されること、言いかえれば承認されることです。**

「私は愛される価値がない」と思い込んでしまうわけ

デューク大学の研究によると、5歳までに、生き残り戦略、この人生をどう生きるかというパターンが95パーセント決定してしまう。ということは、5歳以降は、残りの5%だけをクリエイトして生きていくということを私たちはやっているわけです。

でも、それはおしめをかえてもらって、オッパイをもらわないと生き残っていけなかった時代の生き残り戦略であって、本当に時代遅れだと思いませんか？

特殊な人を除いて、普通の人は一番早い記憶は3歳ぐらいだと思います。でも、恐ろしいことに、おなかの中にいるときや、生まれてからすぐにも、生き残り戦略は決定されることがあります。生まれたばかりの赤ちゃんでも、泣いても泣いてもお母さんが来てくれない、「だから私は愛される価値がない」みたいなことを思ってしまうのです。幼いころのことは潜在意識の底に沈んでしまうので、そこに意識的に気づいていくことがすごく大事なのではないかと思います。

魂──直霊なのだから、思うことは必ずクリエイトできるのですが、私たちという生命体のあと半分のパートナーである魄《はく》のほうが、「そんなことをしたら生き残れない、あかん、あかん」と言っていると、結局、思いはかないません。

魂は天──陽であり、男性性であり、思考です。魄《はく》は大地──陰であり、女性性であり、感情です。魂と魄《はく》の交流がちゃんとできていない場合、いくら頭でこれをやらねばならぬと思って頑張っても、どうしても感情がついていかないと身体に影響が出たりします。

だから、魂と魄《はく》の交流が十分になされていない場合、物事を動かしていくのは魄《はく》、つまり感情であり、潜在意識です。

直前の過去世の戦略が、今の人生に大きく影響している

魂は天で、魄《はく》は大地で、**私たち人間は「天と地をつなぐ存在」**だということを全身**全霊で理解することです。**

頭では結婚したいと思っていても、小さいころにお父さんとお母さんがケンカばかりしていて、自分もお父さんにバシバシたたかれたりすると、どこかに男性に対する恐怖が出てくるし、夫婦のモデルが両親であれば、自分とお母さんを同一視してしまって、結婚というのはこんなにしんどいんだ、結婚するとお母さんみたいになると思うようになります。幼いときに感じたそういうことが潜在意識に沈んでいると、結婚

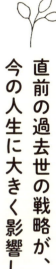

できない人ばかりを好きになったりしてしまいます。

望んでも望んでもかなわないのは、魂と魄《はく》の交流が十分にとれていないことが最大の原因です。いくら望んでもかなわないと、自分はやっぱりダメだと思うから、葛藤が余計深くなります。もともと自己肯定感が低いところからのスタートだということです。

魄《はく》、つまり肉体は、過去にこれで成功したから、今世もそれを使ってみようという、直前の過去世の生き残り戦略を持って生まれてきています。それが一番大きい。ですから、**一つ前の過去世の戦略は、今の人生に大きく影響します。**

私の肉体の過去世はおばあちゃんで、魂の過去世はアメリカ人です

私の場合は、一つ前の魄《はく》のほうの過去世が母の母で、私の左肩にはおばあちゃんと同じあざがありますし、斜視気味なところもおばあちゃんと一緒です。血液型も同じ。私はおばあちゃんが亡くなってから生まれたので、「おまえはおばあちゃんの生まれ変わりだね」と言われてずっと育ってきました。

大人になってからアカシックレコードを読むと、私の直前の過去世はアメリカ人の男性だったということがわかり、あれっ!?　と思いました。いったいおばあちゃんはどうなったんだろうと。でも、前述したように**転生のラインは、魂《こん》と魄《はく》の二本あるわけです。**

肉体意識はなじみのある安全な同じ家系の中で生まれ変わるので、私の肉体の過去

世は母の母、魂の過去世はアメリカ人だったということで謎がとけました。

私の母の母は明治時代の人でした。男尊女卑で女性は男性を必ず立てなければならないという時代です。祖母のしつけに従って、私の母も男の人を立てなければいけないという戦略、社会意識を持って育ってきました。人は一つ直前の過去世の戦略を持ってくるので、私自身も「男の人は立てなければいけない」とどこかで無意識に思っていました。自分には男の人を超えてはいけない的な思いがあるなという制限に気づければ、その課題をだんだんクリアにしていくことができます。

自分が何にとらわれ、自由という選択肢を失っているのかに気がつくことが第一歩です。

繰り返します。**私たちは魂《こん》と魄《はく》と両方が輪廻転生してそれぞれに生まれ変わるので、今の自分であるこの魂とこの肉体の組み合わせはこの人生だけです。**ですから、今のこの人生を100パーセント、味わいましょう。

魄はさらに、エネルギーと物質からできている

人間である私たちは魂《こん》と魄《はく》と大きく二つに分かれていて、さらに魄《はく》は、輪廻転生する目に見えないエネルギーと、物理的な骨とか肉とか皮から成る肉体そのものの二つに分かれます。古代の叡智では肉体意識を「スピリット」と呼んで、魂である「ソウル」と区別しています。

ボディというのは、肉体そのものであり、フロイトが言うところのイド、例えば、おなかがすいた、ご飯が食べたいという本能の知性です。

一般の人は自分がそんなに何層もの構成になっているとは思わないでしょうが、私たちは、**本能の肉体《ボディ》**と、生き残っていくために安全・安心を求める**サバイバルの魄《はく》の**

エネルギーのスピリットと、ただ観察して**喜びを放射する魂**《ソウル》の三つでできた複雑な存在なのです。だから、感情と思考がバラバラになったり、頭と体が伴《ともな》わなかったりするわけです。

魂魄《こんぱく》二つのラインが重なっているのが、神道で言うところの「中今《なかいま》」とか「只今」で、それが永遠の「今」です。

ひたすら本能に従って快と不快しかない物質のボディと、愛されたい、受け入れてほしいと思うエネルギーのスピリットと、客観観察モードのソウル、その三つでできているのが私たち。

例をあげると、北海道の冬を体験したとき、ボディはシンプルに「ああ寒い」と思い、スピリットは「去年寒かったとき、カイロを使ったから、今度もカイロを買えば安心」と思い、ソウルは、「ああ寒いってこんな感じなんだ〜。なるほど」と観察するのです。

あなたのセルフイメージは「本当の自分」？ それとも「偽物の自分」？

周りに振り回され、周りからの圧力であっちへ行ったりこっちへ行ったりして、自分は人生において犠牲者だというふうに思っていると、**創造主である天之御中主神の自分**がそう思っているわけなのですから、犠牲者という人生の創造はいつまでも続いていきます！　ここが大変なところ。

古代の叡智では、**私たちが手放さなければならないのは、「正しくある必要性」**だと言います。私の師匠であるアカシックリーディングの第一人者ゲリー・ボーネル氏の言葉では「Need to be right」で、これは難しくて訳しづらいのですが、結局、小さいころに正しければ褒められたし愛された、だから正しくなければいけないと思い込んでしまう。自分はいつも正しくなければいけないと思うと、それが裁きになって、自分も相手も裁いてしまうわけです。シンプルに正しいことと、正しくなければいけないと思うこととは違います。

一つ例をあげてみましょう。強いお父さんから「男は絶対に泣いちゃいかん。強くなければ男じゃない。生きている価値がないぞ」などと言われてビシバシ育てられた男の子は、ありのままの自分はものすごく敏感で感じやすく花と話すような子どもだったとしても、そういう自分ではダメなんだと思ってしまって、格闘技か何かを一生懸命やるわけです。そうすると、学校に行って、ちょっとなよっとした文学少年っぽい同級生を見ると、あんな弱虫じゃダメだと裁いてしまう。

頑張っていて強くて男らしい自分という仮面《ペルソナ》をずっとかぶっているので、本当は繊細で虫も殺したくない自分がいたり、ちょっと弱気になったりすると、意気地《いくじ》なしの自分はダメだと自分自身も責めるわけです。

ここで一つ注意しなければならないポイントがあります。私たちは正しければ愛されるから「正しくなければいけない」と皆思ってしまうけれども、**分け御魂である私**が自分は本当にダメだと思い込むと、ダメだということにさえ正しくあろうとしてしまいます。

1＋1＝2と同じで、私はダメだということが自分の真理になってしまうと、その正しさを証明しようとするのです。私たちは証拠を外側の世界に探そうとするので、それにふさわしい事実を引き寄せてしまいます。分け御魂なので、できてしまうんです。

だから、私はダメだという信念があったとしたら、頑張って行動した結果「おまえって本当にダメだな」と言われると、「ほら、やっぱり私ってダメでしょう」となり、自分の信念の正しさが証明されたそのときに脳内に快楽物質がドッと出る。するとニューロンが形成されて、ますます変わりづらくなってしまいます。

だからこそ、**自分が自分自身をどうとらえているかという「セルフイメージ」を本当に吟味《ぎんみ》する必要があります。そのセルフイメージ、実は、誤解や嘘だらけの、人の意見を鵜呑《うの》みにした「偽物の自己」の可能性が大だからです。**

私はおっちょこちょいで物忘れが激しいと自分で思い込んでいるから、いつまでもおっちょこちょいで物忘れが激しいのです。それでも自己受容しています（笑）。

魂魄のエネルギーは7年ごとに様相が変わる

魂魄《こんぱく》のエネルギーというのは7年ごとに様相が変わってきます。7歳までは魂意識より肉体意識が優位に立っていますが、8年目ぐらいから、そろそろ魂が少し顔を出してくるので、8歳ぐらいから性格が変わる人が結構多いです。というのは、7歳ぐらいまで生きられたらだいたいの人は生き残れるので、そろそろ大丈夫かなということで、魂のほうが顔を出してくるわけです。

例えば、直前の転生で肺結核で死んでしまったとします。昔は生まれ変わるまで30年ぐらいかかったのですが、今は結構早く生まれ変わっています。すると、肺の弱さを持ち越してしまい、小さいときからぜんそくだったりしますが、10〜11歳ぐらいになったら、いつの間にか治ってしまうことがあります。それは魂意識が、「そろそろいい？」といって入ってくるので、肉体意識の症状が徐々に消えていくからです。

私は小さいときは本当に弱虫で、人の陰に隠れているような子どもだったのですが（なんせ、男尊女卑の明治の女性ですから）、小学校3年ぐらいからガラッと性格が変わってオープンになりました。でも、信じられないかもしれませんが、シャイな部分はしっかりあります。

実際に神社をめぐって神々のメッセージをおろした『日本の神様カード』（ヴィジョナリー・カンパニー）のイラストを描いた娘の舞も、8歳ぐらいから人格が変わりました。それまでは、何を言っても私から離れず、後ろに隠れて出てこないような子だったのですが、小学校3年ぐらいから、子どもミュージカルにはまり、人前で歌ったり踊ったりを楽しめるようになりました。

愛されるために、みんな頑張るのです。その頑張りがうまくいかないと、逆に無力感を覚えたりやさぐれてしまう。特に小さいころは、頑張っても、頑張ってもうまくいかないと、例えばお父さんとお母さんの仲が悪いのも、自分がどこか悪いからじゃないかとか、全部自分のせいだと思ってしまいます。そうすると、すべて自分のせいにする罪悪感や自己否定感が生まれてしまう。

もともと赤ちゃんというのは自他の区別がありません。大きくなるにつれて自分というものがだんだんわかってきますが、幼いころは全部が自分視点で見ているから、それこそお天道様が赤いのも、みんな私のせいなのよという感じで、物事を個人的にとらえるわけです。

また、環境がガタガタしていたら生き残りにくいので、何とか生き残るために環境を整えたいと思うから、自分が調整役になって一生懸命頑張って両親の仲を取り持とうとします。初めは自分が悪いからだと思って、お父さんとお母さんの仲を一生懸命取り持とうとする。それでもうまくいかないと、なんとか私が助けてあげなきゃと思い込む。でも、人間関係というのは一方通行ではないし、お母さんはいつまでたっても幸せそうじゃない。すると、お母さんを幸せにできない自分はダメな子だと思ってしまうわけです。

自分はダメな子なんだと、どこかで思ってしまうと、私は正しくありたいと思うわけだから、大きくなって、やっぱり私はダメだという体験ばかりを引き寄せてしまうという先ほどの例のような人生を送ることになります。

幼いころに信じ込んでしまった「フィクション《嘘っぱち》の自分――偽物の自分」を明らかにすることがどんなに大切か、少し伝わったでしょうか。

今、本当に大事なことは自己受容です

私たちの心の中にはカーナビが入っています。魂のほうは、自分が天之御中主神の直霊であることを知っているので、「家に帰る道」、本来の神としての自己へ戻る道を調整していきます。魂は、本質に目覚めるための出来事を生まれる前に、自分で設定していきます。今までの価値観をガラッと変えるような出来事……それは例えば病気になるとか……があったりもするのです。

私たちは直霊なので、ほっといても、どこかで全員悟るわけです。たとえ連続殺人鬼でも。何しろ大もとは、みんな天之御中主神なのですから。

今、本当に大事なことは、自己受容なのだと思います。自分自身に優しくすること。あるがままの自分を受け入れることです。

自分の成り立ちを知り、理解することで、優しさが生まれてくるでしょう。裁かないで観察です。なかなか、頭で思うように、気持ちや行動がついてこなくても、のんびりいきましょう。

最終的には自己受容であり、ノンジャッジです。裁いている自分を裁いてしまったら、元も子もありません。裁きは二元性が存在するところに生まれます。人や自分を裁かなくなったとき、そこに魂魄《こんぱく》の統合、神人合一の状態が生まれます。

「ねばならない」や「べき」という言葉が出てきたら要注意！

自己を受け入れられると、世界も自分を受け入れてくれるようになります。

生き生きとエネルギーが流れ始めれば、引き寄せの法則が働き、現実化が早くなります。宇宙の流れと自分が同じ方向を向いているからです。

自慢したり自信過剰の人は、パッと見、自己受容しているように見えます。でも、弱い犬ほどよくほえると言うように、実は自分の弱さを覆い隠すためにわざと自慢したり強がっていることがほとんどです。

ただ日本人は自信過剰の人は少なくて、自己否定形の人がほとんどです。やはり島国で、同一民族・同一言語の集合意識から来ているのでしょう。

私はヒプノセラピーのクラズナー博士のお手伝いをずっとしていました。ヒプノは潜在意識に直接働きかけて変化をもたらす、すごい方法です。そこでの体験ですが、日本人の場合、私が通訳した人の9割が「私、自信がないんです」と言います。

クラズナー博士系のヒプノは、脳波をずっと下げていって、それこそ深い深い魄《はく》のところに、「私はできる。私は生き生きと楽しんで○○をやっている」など必要な言葉を落とし込んで暗示を与えるのです。

シンクロニシティのしくみ

私はワークショップでは、手を使ってよく説明します。二元性の世界では、人差し指と中指と薬指と小指がいて、人差し指は「中指は背が高くていいなあ」とか思っているわけです。でも、私たちがこれから体験しようとする一元性の世界では、どの指も大きな手の一部であることがわかっているのです。

手というのはおもしろくて、宇宙と一緒だなと思います。

私たちは物理的な肉体を含めて全部で七つのエネルギーの層から成っています。下から、物理的肉体、2層目――エーテル体、3層目――アストラル体、4層目――コーザル体、5層目――メンタル体、6層目――セレスティアル体、7層目――キリスト体。

最後のキリスト体はキリスト教と一切関係がありません。最もオリジナルの天之御中主神のバイブレーションと共鳴する層です。

つまり、手の指の第1関節が物理的な世界で、第2関節はエーテル体、第3関節ま

私たちは７つのエネルギーの層から成っている

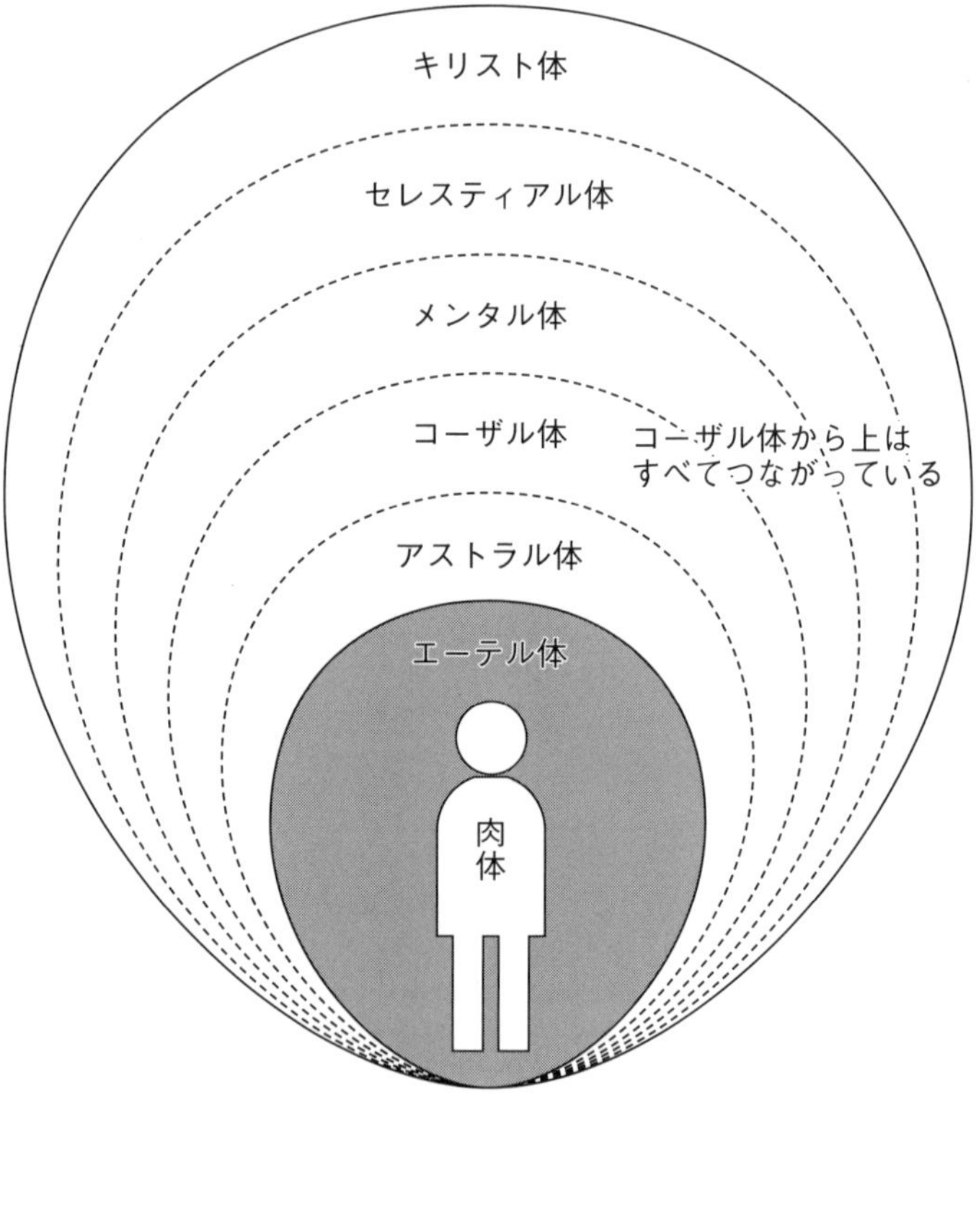

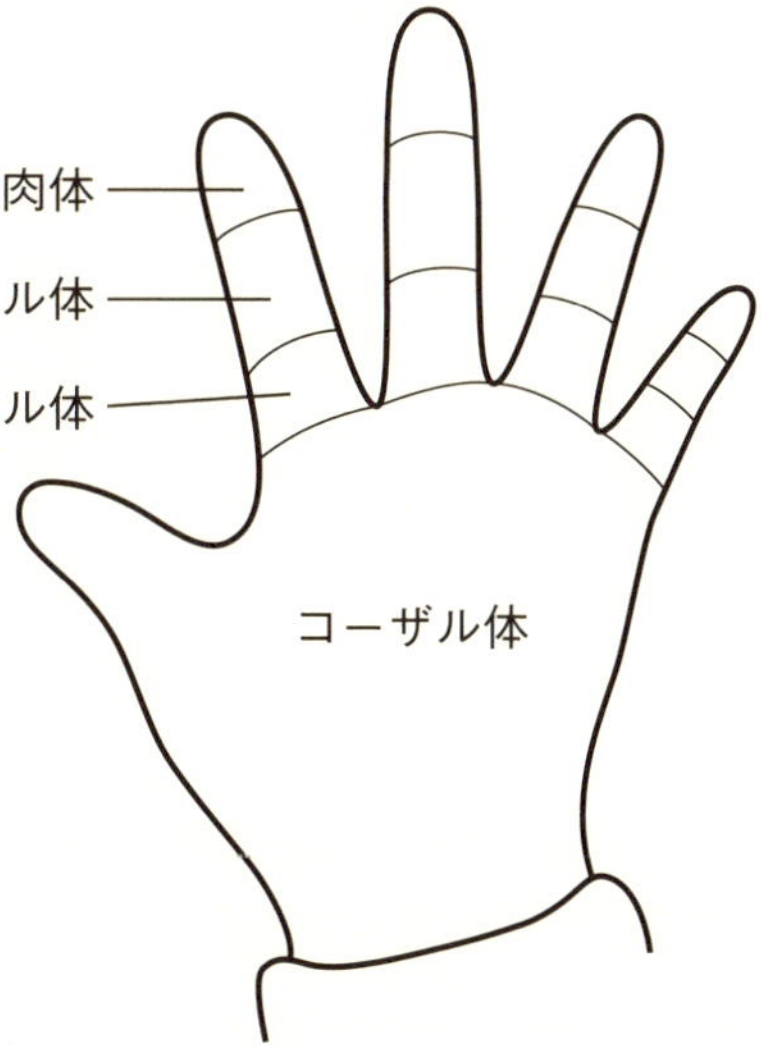

でがアストラル体、手のひらからコーザル体です。

アカシックレコードによれば、コーザルまで行くと全部がつながっていることがわかります。意識が上の次元のコーザルまで行くと、指である私たちは大きな手の一部なんだとわかる。

そうすると、例えば中指がかゆがっているとすると、普通は「中指さん、かゆいのか、ふーん」ですが、つながっていると中指がかゆいなとわかるので、親指が来て中指をかいてあげるわけです。それが奇跡です。

シンクロニシティというのはそうい

うことなんです。全部がつながり合うとシンクロが生まれます。全部ネットワークだから、この人にはこれが必要だということをどこかがキャッチして、そちらに必要なエネルギーが動いていくのです。

現実化の意識が真に拡大した人は、「炎！」と叫ぶと、目の前に炎がバンと出てくるみたいですが、ほとんどの人は「スイカ！」と言うとスイカがボンと出てくるのではなくて、「ピンポーン、スイカをお届けです」ということになります。

流れが起きるというのは、自分の内と外の神様の大いなる意思に沿っているということです。

私が『日本の神様カード』をつくったときは、本当にそうでした。２００６年12月、私とカード制作者の大塚和彦氏の瞑想中に同時多発的に別々にヴィジョンが降りてきたんです。私の場合は、バリ島の寺院で受け取った赤白の不思議な折り紙のような幾何学模様と「むすび、むすぶ」という言葉、大塚氏の場合は花札のような和の色あいの四角いカードでした。折り紙のような模様は、帰国後、高千穂《たかちほ》神社の赤白の御幣《ごへい》だと「偶然」わかりました。それからは、何もかもがピタッ、ピタッと合わさって、あっという間に実際にカードが生まれたんです。大きな流れが生まれ、その流れにただ乗っていった感覚です。しかもおもしろいことに、二人が同じころにヴィジョンを受け取っていたことがわかったのは大塚氏とそのことについて話した8年もあとだったということです。

1万3000年ごとに訪れる意識の大変化
そして今が変容期間のど真ん中

前にも少し触れましたが、いま、私たちは地球の歴史の中で、とてつもなく重要なポイントに差し掛かっています。

アカシックレコードによれば1万3000年ごとに、集合意識が、一元と二元の間を行ったり来たりしながら、それぞれ違う視点から地球体験を観察するということが起きているのがわかります。一元は、個の意識が統合されつながり合っている状態、二元は、個がそれぞれ別々に切り離れて分離した状態のことです。指と手全体のたとえを思い出してください。

実は私たちは今、二元の世界からいよいよ一元になるという1000年の移行期間のちょうど500年目、ど真ん中にいるのです！

歴史を振り返ってみると1万3000年サイクルでレムリアの一元、二元の世界のあと、アトランティスの一元があり、私たちが過ごしてきたユーランシアの二元から、今まさに一元の世界へ移行するときだということです。

1万3000年ごとに訪れる
意識の大変化

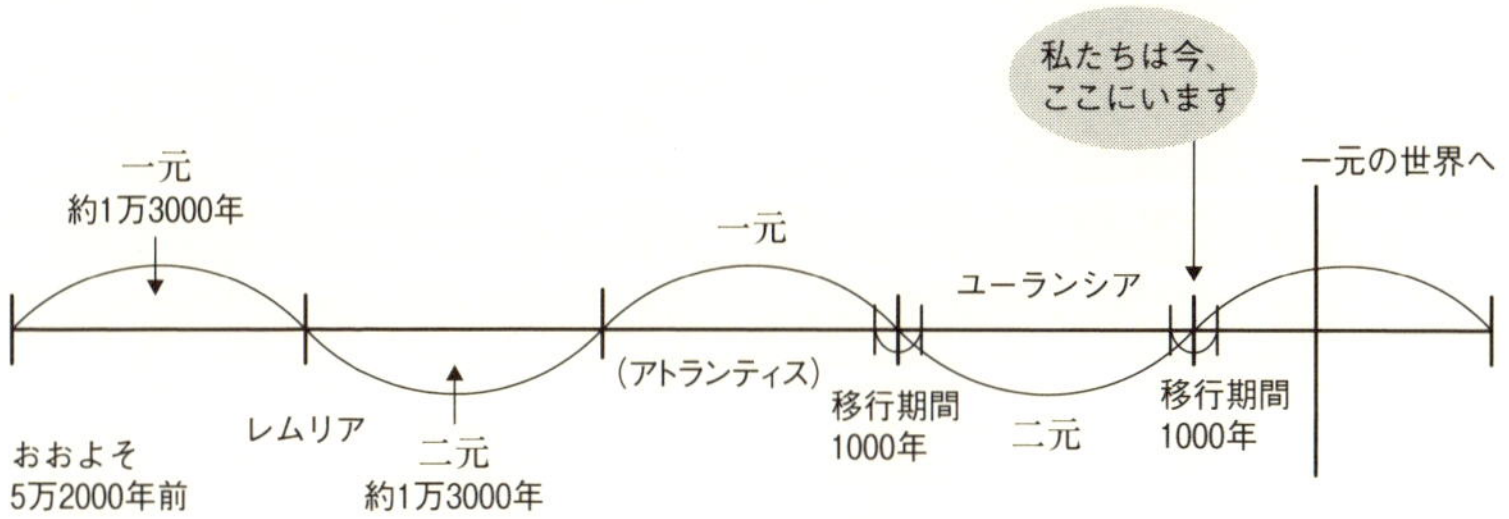

神秘学で言えば、レムリアという時代はとても長くて、レムリア文明とアトランティス文明は重なり合っていますが、発達した地域が違うのです。ある意味、レムリアという大きな時代区分の中に、様々な地域でノアやムーやアトランティスが栄えたという言い方をする人もいます。

日本人はレムリアの一元のエネルギーが純粋培養されてきた

ずばり、日本人の集合意識の核に流れているのは「和」のエネルギーです。

日本の神々は、世界において、和をつかさどっている存在です。

日本人というのはとても特殊です。島国ということもあってＤＮＡがミックスしにくくなっていたので、レムリアのときの一元のエネルギーがバラバラにならずに肉体意識のレベルで比較的純粋培養されてきたわけです。

日本人は南方からたどり着いた人たちと大陸から来た人たちがまざっていると言われますが、レムリアもグローバルな文明でした。ハワイを含めて南方は全部レムリア文明だったし、中国にもレムリアの遺跡がいっぱいあります。ただ中国はヨーロッパと陸続きなので、そういう意味ではＤＮＡがごちゃごちゃになっているのだと思うのです。


進化の分野でおもしろいデータがあって、島国における進化は、大きな動物と小さな動物がいた場合、限られた土地の中でお互いに生きていかなければいけないので、サイズがだんだん平均化していくことがわかっています。

それは形においてですけれども、精神も似たようなところがあって、狭い区域でたくさんの人が生きていかなければいけないとなると、「突出しない」という暗黙の了解が生まれます。さらにレムリアの時代の和の叡智である一元の記憶をＤＮＡが持っているので、根本のところに和のエネルギーがしっかりと存在しています。

でも、突出するのを嫌うのはマイナス面もあって、それは「本来の個を出さない」という社会意識のネガティブな面のほうに出ているかと思います。自分が我慢して波風を立てないほうがいいとか、出る杭は打たれるとかというように、違いを恐れます。個人主義が発達しているのはミー・カルチャーといいますが、日本の場合はウイ・カルチャーです。

和して同ぜずではなくて、**「同じて和せず」**というところが、日本人にはあると思います。本音と建て前の世界――つまり、ニセモノの和です。表面上はニコニコと相手に合わせているけれども、心の中では本当は「え〜、なんかイヤだなあ」と正反対のことを思っている。

エンパスと呼ばれる超共感力の高い人たちは、日本人の表裏のあるここの部分が耐えられないといいます。内と外との違いがはっきりとわかって、誰も信用できなくなるのです。

でも、相手の人が、必死になってサバイバルしたいという深い本能的欲求からそういう態度をとっていたのかぁと理解するだけで、だいぶ気持ちがやわらかくなりませんか。

理解は関係性に癒しをもたらします！

レムリアの一元の時代のように、本来がそれぞれの個性を表現しながら真に和していくことが、これからの日本人の課題です。

ともかく、日本は島国になったがゆえに、**日本人の体の中にはレムリアのＤＮＡがありがたいことに、しっかりと残っています。**魄《はく》は生き残りや競争という二元のエネルギーを強く持っているはずですが、私たちのこの肉体には、レムリアのときの和と統合の記憶を持ったＤＮＡが長いときの流れを超えてずっと受け継がれてきたわけです。万歳！

日本人にしかないDNAがある

ヒトゲノムが随分研究されてきたおかげで、日本人にしかないDNAがいろいろわかってきています。例えば、日本人と欧米人では、左脳と右脳と情報の取り入れ方が違うのです。日本語にはオノマトペという擬音語や擬態語がものすごく多いのはなぜかというと、日本人は虫の声を左脳で聞くからです。言語脳である左脳のほうで虫の声を聞くので、スイッチョ、スイッチョとか、コロコロコロとか、ミーン、ミーンとか、いろいろな音を感知して聞き分けることができるわけです。

私は通訳をしているので言語にとても興味があります。アメリカ人は、マインドとか、ハートという言葉をよく使うのですが、マインドが日本語には一番訳しにくいのです。なぜならば、日本語には「想い」という言葉があって、心という概念は頭だけでもハートだけでもないと私たちは思っていますから。

心という概念を持つ日本人は、もともと肉体的に魂魄《こんぱく》の統合がかなりできています。これから一元の時代に入るにあたって、最もハードルが低い人種が日本人といえるでしょう。

そして、レムリアの一元の時代の叡智は、日本語という特殊な言語を通して今に伝えられています。古来、言霊《ことだま》の思想というものがありました。音の一つ一つが多次元的なエネルギーを持っています。その音の使い方をレムリアの人たちは知っていました。

そして、日本語は、自動的にユニティの魂魄《こんぱく》の統合のエネルギーとつながるようにデザインされているといいます。**和の叡智、現代では神道における祝詞《のりと》の中に表現されています。**

次の章では、レムリアはどのような時代だったのか、また和の叡智のオリジナルを一番伝えている古神道のことをお話ししようと思います。

第二章

レムリアという時代と古神道

約5万2000年前に始まったレムリア時代

レムリアの時代は神代と言われる悠久の昔にはじまりました。1万3000年のサイクルで言えば、おおよそ5万2000年前ごろにスタートしています。レムリアの時代は、63ページの図のように、最初は一元、次に二元を体験し、それからアトランティス中心の一元時代へと移行します。

今縄文と言われている時代は、諸説ありますけれど、はじまりの部分は、アトランティスの神人合一の時代と重なっていますが、徐々に分離の時代に入っていったのではないでしょうか。

古事記の中で、伊耶那美命《いざなみのみこと》が亡くなり、黄泉《よみ》の国に下ったあと、伊邪那岐命《いざなぎのみこと》はどうしても妻に会いたくなって黄泉の国に行きます。そのとき、伊耶那美命は自分の姿を見ないでと頼むのですが、伊邪那岐命が約束を破って見てしまったために、日本の最初の夫婦ゲンカ！　が起こります。余談ですが、見るなと言われると見たくなるのは神様も同じなんですね（笑）。

伊邪那岐命は陽である天の魂の意識、伊耶那美命は陰の大地であり、魄《はく》の意識の象徴だとしたら、ここに一元の世界から二元の世界へ、魂意識と肉体の意識が分離したプロセスが表されているのではないかと個人的には理解しています。

植物と交流し、精霊とコミュニケーションしていたレムリアの世界

レムリアというのは太平洋全部と東南アジアぐらいまでに及び、今の中国もレムリアでしたし、ヒマラヤの北のあたり、チベットもレムリアの文化圏で、その向こうの今でいうヨーロッパと大西洋地域がアトランティスでした。

それではレムリアの集合意識が魂魄《こんぱく》一体の一元を体験していたときがどんな様子だったのかをお話ししましょう。私自身が思い出した感覚とアカシックレコードからの情報です。

魂魄《こんぱく》が統合された一元の世界というのは、競争がない、比較がない世界です。なぜなら、あなたはあなたで、私は私ではあるのですが、**みなそれぞれがネットワークでつながり合い、大いなる「一なるもの」の一つの側面であることを知っているからです。**大海の一粒のしずくでありながら、自分自身が大海でもあることがわかっていきます。それはお互いの個性が失われて一つに融合してしまうのとは違います。

私たちは天之御中主神《あめのみなかぬしのかみ》――創造主のホログラム（相似形）なので、自分の中に相手がいるし、相手の中にも自分として表現している場所があることを、空気を呼吸するように当たり前に体感している。相手を傷つけることは自分を傷つけることになるから、相手を傷つけることはありません。

日本語は、主語を明確にしなくても通じ合います。よく、「世界は主語を認識しない」といいますが、これは真理なのです。エネルギーの観点からは、相手へ送った祝福は、そのまま自分への祝福になりますし、相手をののしるなら、それは自分を傷つけることになります。

そんな世界って実際どんな感じでしょう。

同じ一元の世界でも、アトランティス文明のほうは、より水晶を使った技術や想念エネルギーを使ったテクノロジーが発達していた時代ですが、レムリアのほうは、まさに自然のサイクルと一体化していた、自然とともに皆が調和して生きていた時代です。

興味深いことに、レムリアとアトランティス文明、それぞれから発達した文字があります。今の表音文字、アルファベットはさかのぼればアトランティス、漢字のような表意文字は、元はレムリア文明です。日本は表意文字がもとなので、レムリアなのですが、ひらがなやカタカナの表音文字を生み出していることがおもしろいです。

魂魄《こんぱく》が合一した状態は、今でいう「超能力者」です。オーラが見えたり、精霊たちが見えたりするのは、普通に魂の意識の五感だからです。ですから、**レムリアの人々は、植物や木の意識と交流し、精霊たちとコミュニケーションをとっていました。人と人もお互いが何を考えているのか、テレパシーで、概念そのものをパッケージ化やイメージ化して相手に届けることができたのです。**コミュニケーションに言葉は不要でした。

あとから、もっと詳しくお話ししますが、喉を使って声を出すときは、ヒーリングや現実化など、意図してエネルギーを動かすときだったようです。

レムリアは創造性と祝福の時代

レムリア文明は、一言でいって、分かち合い（シェアリング）の世界です。そして、テクノロジーよりも、クリエィティビティ、創造性がすべての中心にありました。

一人一人の想念は純粋で歓《よろこ》びに満ちていました。何かをつくり出すことにとても価値を見出《みいだ》していたのです。

どこまで意識が拡大していたかで、生命への理解度は皆まったく同じというわけではありませんでした。ですから、そういう存在がリーダーとなってガイドはしていきましたが、全体を統治するための、いわゆる政府という組織はなかったと思います。

誰一人として、他の人と自分を比べることなく、それぞれが自分自身の純粋なユニークさを自然に表現し、貢献していました。比較も競争も戦いもない世界です。必要以上によく見せようと思う必要も、人よりも優秀であろうとすることもなく、自分が一番歓びを感じて楽しくできることを、自分のやりたい形ですることが、そのまま全体のためになっていたのです。

先日私自身が、これはまるでレムリア時代のようだ！　と実感した体験がありました。あるボランティア活動に、古事記や古神道を学ぶ「和の叡智」の仲間と参加していたときのことです。

その仕事というのは、脱穀機の使えないアワを脱穀することでした。アワというのは、とても小さな粒が稲穂のような茎の先に房になって実っています。それを両手の間でころころとこすりながら、小さな実をフルイにかけて落としていく作業です。

仲間は総勢20名ほど。ござを敷いて、最初はそれぞれ、2、3人ずつ別々にグループをつくって作業をしていたのですが、休憩のあと、今度は全員で輪になって内側を向いて、お互いの顔を見ながら脱穀をしたのです。そのうち、誰も何の相談もせず、新しいアワの束を持ってくる人、まとめている縄をといて、それぞれに適当に配る人、たまったゴミを捨てに行く人、まとまったアワをフルイにかけてきれいにする人と、実になめらかに、全員が、それぞれの役割に分かれて動き始めたのです。途中で適当に変化をつけながら、なごやかに楽しくおしゃべりをしながら……。

　このとき、実に不思議な感覚がおとずれ、時空が重なり合ったような気がしました。皆で輪をつくり、それぞれがなんのプレッシャーもなく、身体や手を動かしながら、自分が一番得意なことを通して楽しく一つ作業を完成させていく感覚。レムリアのときを今のこの肉体で再体験したのです。限りなく優しく、やわらかい時間でした。鳥の声と風と太陽の光とダンスをしながら、皆のエネルギーが自然と一つになって流れていきました。まさに祝福と感謝の瞬間。

　なんとなく、レムリアってどんな世界か、少しは具体的なイメージが湧いたでしょうか。

ネイティブの人々に伝わるレムリアの叡智

レムリアの世界では、子育ても、今みたいに核家族で子どもを育てるのではなくて、子どもは、その共同体全員の子どもでした。みんなで見守り、みんなで育てていました。

ネイティブアメリカンの一部には、興味深い習慣があります。子どもを怒るとき、決して両親は口を出さないのです。怒り役は、その子のおじさんです。両親は、ひたすら子どもを愛し承認する役割です。生き残り戦略は、5歳までに95パーセントが決まるとお伝えしました。

「この世界によく来たね。私たちのところに来てくれてありがとう。お前は、お前になればいいんだよ！」

こんなふうに溢れんばかりの両親の愛情に包まれて育ったなら、どんなに自分や人や地球を大切にする子どもが育つでしょう。森羅万象と自分自身が、同じ源から生まれたことが腑に落ちれば、環境を汚すこともありません。

レムリアの親の役割は、自分の子どもが何を表現したくて、生まれてきたのかを理解して、全力でその子がその子自身になれるように応援することです。

こんなふうに、ネイティブと言われる部族には、レムリアの叡智を大切に守り今に伝えている人々がまだ存在しています。そして、**日本では「和の叡智」である古神道の中に、レムリアが流れているのです。**

ネイティブアメリカンにも、古神道にも、そしてヨーロッパの神秘的な伝統にも、ほとんど同じ儀式や行が伝わっているのに驚きます。例えば、東西南北を守る神聖な存在たちに祈る「四方向の儀式」は、神々の名前や、祈りの言葉に違いは見られますが、形式はほとんど同じなんです。古代の叡智はこんなふうに、世界の様々な文化に流れていきました。

レムリアの歌

一元のレムリアは、想念のエネルギーを直接やりとりするテレパシーを使っていたとお伝えしました。コミュニケーションのための言葉はなかったのですが、自然を祝福し、楽しむために、レムリアの人々は、自然の音をなぞらえた音をつむいできました。これが歌のはじまりです。川のせせらぎとか風の音や鳥の声を、奏《かな》でていたのでしょう。

すべてが相似象のこの世界は、私たちの肉体は、この地球そのものです。流れる血液は川であり、呼吸は風なのです。

レムリアのヒーリング

声は、波動でありハーモニクスです。音や光のテクノロジーは、アトランティスでもレムリアでも、使われていました。今の技術でも動かせないような、巨大な岩を重ねた磐座《いわくら》が、高い山の上に存在しています。これはエジプトのピラミッドと同じように、波動を使って空中に浮かせた状態で移動させた、音のテクノロジーですし、光や音を使って、身体のバランスを取り戻していました。

また、怪我や、体調不良も音と光を使って治していたことがわかります。一元のサイクルから二元の世界へと移行していくにつれ、バランスが崩れた人も出てきました。そのような人に対しては、その人の波動に足りないエネルギーを補完することで、全体性を取り戻していました。

ただ、こういったスキルもあったのですが、**根本に流れていたのが、全体性のエネルギーである「健やかさ——ウェルネスのエネルギー」を放射するというユニティヒーリングです。**

ヒーラーは全体性のエネルギーで、ただヒーリングが必要な人と共にいるだけです。

鍵となるのは、ヒーラー自身の在《あ》りようです。

このことは第三章でもう少し詳しく具体的にご紹介していきます。当時の方法には現代でもたくさん応用できる叡智が詰まっていますから。

レムリアの流れをくむ「和の叡智」

「和の叡智」——自分の外側の存在を崇めない

レムリアやアトランティスの一元の叡智は、二元の世界に入っても、一元の意識を保ち続けた人々によって、時代を超えて保持されてきました。私たちが過ごしてきた二元の時代にも、釈迦《しゃか》やイエス・キリストをはじめ、覚醒したマスターたちが存在していたようにです。

「ソロモンの長老たち」などと呼ばれるグループは、アバターや菩薩《ぼさつ》たちの助けを借りながら、叡智を後の人々へとつないでいったのです。

ノウイングと呼ばれる古代の叡智も、レムリアやアトランティスの一元の世界から伝えられたものです。1万3000年前に二元の時代に入ってからは、古代の叡智は地上の様々な文明へと伝えられ、各地で大元は一つでありながら、独特の形で発展していきました。

先にも述べましたが、各地のアボリジニやネイティブの部族に先祖から伝えられた教えがあり、インドではヴェーダとして、中国では道教や禅という形に、ヨーロッパでは、イエスが所属していたというエッセネ派やグノーシスの教えとして、広がっていきました。仏教の祖、釈迦も覚醒した古代の叡智を伝えた存在です。

そして日本にも、古代の叡智が比較的原型をとどめた形で、神道や修験道の流れの中に保たれてきました。中でも古神道の核には、一元の「和の叡智」が、明確に受け継がれています。

「和の叡智」は、自分の外側の存在を崇《あが》める宗教ではなく、人の在りよう……生きる「道」です。

神道と古神道の違い

古神道というのは、実際には江戸時代になってから平田篤胤《ひらたあつたね》や本居宣長《もとおりのりなが》が、本来の日本の「道」という考え方はこうなのだろうと復興したものですが、アカシックレコードから見ても、和に伝わる叡智はその教えの核にあるとともに、有効な儀式や行も古神道にたくさん伝えられています。

今現在の神道は、明治政府がキリスト教的な支配をしたくてつくったものだとも言えます。昔はお坊さんが権力を増大させ、天皇に意見したりする時代もあったので、そういうことを防ぐために明治政府は、廃仏毀釈《はいぶつきしゃく》を行い、しかも、天皇陛下を唯一の現人神《あらひとがみ》として権威を集約しました、天皇が神様なのですから、「神人合一」的な考え方は否定されています。

伯家《はっけ》神道、吉田神道など、伝承や、言霊や様々な儀式を引き継いでいる神道もありますが、本来の古神道というのは修験道や、道教、神仙道という形で伝わっています。

確かに修験道というのは仏教ですし、仏教が日本に入ってきたのは、聖徳太子の時代ですが、**自分自身の意識を拡大していって現実にエネルギーを動かしていく**という意味では、修験道は古神道の近くにあります。

現在の国家神道は美しい川のようで、古代から連綿と続いてはいるけれども、本来の大地のパワーや大河が持つ巨大なエネルギーはあまり伝わってはきません。

私たちは皆、神そのものの存在である分け御魂であることに、再び焦点を絞り始め

たのが古神道であり、大本教などの古神道系の新興宗教です。今一度、「私たちは、本当は何者なのか」を探究し伝え始めました。しかし、当時はその思想が危険ととらえられ、大本教の出口王仁三郎《でぐちおにさぶろう》は投獄されました。

古神道に流れる和の叡智は宗教ではなく、普遍的な人が日常を生きる在りようであり、まさに「道」だと思います。

古神道では万物同根で、私たちの中に神そのものが宿っていると考えます。でも、鎌倉時代あたりになると、キリスト教のように神官だけが神とつながるという形にしておけば民をうまく治められるので、一般民衆が神様と直接つながっているなどというのは畏《おそ》れ多いことで、神様は上にいて自分とは違うものだと考えられるようになっていったのです。

ただ、先祖崇拝という形で、産土神《うぶすながみ》とか氏神様を大切にする信仰は今も連綿と続いています。氏神様というのは、自分の先祖は神様だったという考え方です。例えば忌《いん》部《べ》氏の先祖は布刀玉命《ふとだまのみこと》だと言われているので、先祖をたどっていけば神様だという考え方は復古神道が始まる前もありました。

でも、一般民衆は、自分自身がエネルギーを動かしたり、自分が神と合一したりできるというようなことは知らなくて、本当に神道を継承していた一部の人たちの中だけで伝えられていったのではないでしょうか。だから、伝えられてはきたけれども、一般民衆のものではありませんでした。

願うなら必ずかなう！と天照大御神がおっしゃっています

六根清浄《ろっこんしょうじょう》という祝詞が伝わっていますが、まさにこの中に古神道の真髄が表されています。この祝詞にはレムリアの一元のエネルギーが手つかずに流れているのです。

そして、願望実現の言霊です。全文をご覧ください。

六根清浄大祓《ろっこんしょうじょうおおはらへ》

天照大御神《あまてらすおほみかみ》の宣《のりたま》はく。人《ひと》は　天下《あめがした》の神　物《かみみたまもの》なり。すべからく天下静《あまがしたしず》かにして平《たい》らかならんと努《つと》むべし。心《こころ》は即《すなわ》ち　神明《しんめい》の本主《みなもと》たり。心　神《わがたましひ》を　傷《いた》ましむることなかれ。

是《こ》の故《ゆえ》に、目《め》に諸々《もろもろ》の不浄《ふじょう》を見て　心《こころ》に諸々《もろもろ》の不浄《ふじょう》を見ず。
耳《みみ》に諸々《もろもろ》の不浄《ふじょう》を聞《き》きて　心《こころ》に諸々《もろもろ》の不浄《ふじょう》を聞《き》かず。
鼻《はな》に諸々《もろもろ》の不浄《ふじょう》を嗅《か》ぎて　心《こころ》に諸々《もろもろ》の不浄《ふじょう》を嗅《か》がず。
口《くち》に諸々《もろもろ》の不浄《ふじょう》を言《い》ひて　心《こころ》に諸々《もろもろ》の不浄《ふじょう》を言《い》はず。
身《み》に諸々《もろもろ》の不浄《ふじょう》を触《ふ》れて　心《こころ》に諸々《もろもろ》の不浄《ふじょう》を触《ふ》れず。
意《こころ》に諸々《もろもろ》の不浄《ふじょう》を思《おも》ひて中心《なかこころ》に諸々《もろもろ》の不浄《ふじょう》を想《おも》はず。
是《こ》の時《とき》に清《きよ》く潔《いさぎ》よきことあり。

諸々《もろもろ》の法《のり》は　影《かげ》と像《かたち》の如《ごと》し。清《きよ》く潔《いさぎ》よければ　仮《かり》にも穢《け》がるること無《な》し。
説《こと》を取《と》らば得《う》べからず。皆花《みなはな》（因）よりぞ　木《こ》の実《み》（業）とは生《な》る。
我《わ》が身《み》はすなわち六根《ろっこん》清浄《しょうじょう》なり。六根《ろっこん》清浄《しょうじょう》なるがゆえに　身体健《しんたいすこ》やかなり。
身体健《しんたいすこ》やかなるがゆえに、天地《あめつち》の神仏《しんぶつ》と同根《どうこん》なり。天地《あめつち》の神仏《しんぶつ》と同根《どうこん》なるが
故《ゆえ》に万物《よろず》の霊《みたま》と同体《どうたい》なり。万物《よろず》の霊《みたま》と同体《どうたい》なるが故《ゆえ》に　願《ねが》うところのこと、
成《な》り就《ととの》わずと云《い》うこと無《な》し。極《きわ》めて汚《きたな》きも滞《たま》りなければ　汚《きたな》きものはあらじ。
内外《うちと》の玉垣《たまがき》　清《きよ》く浄《きよ》しと申《まう》す。

無上霊宝神道加持《むじょうれいほうしんとうかじ》

まず、この言葉は天照大御神の直接のお言葉という形になっています。
私たちの心は、源そのものの神様であるから、**自分を傷つけることは、天照大御神を傷つけることになる**とはっきりと書かれています。六根清浄……五感と意識すべて

が、本来清らかであることと断言しているのです。

そして、最後の段落が、古神道に流れる和の叡智のすべてをカバーしていると感じます。

本来一切の穢《けが》れがなく健やかなので、神仏と根っこは一緒、神仏も含めありとあらゆるものすべてと同体だから、願うなら必ずかなう！　と天照大御神がおっしゃっています。

今、潜在意識と顕在意識、思考と感情という二元の世界が統合しながら一元の世界になろうとしているわけです。今は、潜在意識で「本当はこれをやりたい」と思っていても、顕在意識が「それをやったら愛されないから、我慢、我慢」抑え込んでいたエネルギーがマグマのようにぐぐっと出てこようとしています。そのエネルギーを解放したり行動に出したりできる人はいいのですが、出せない人は、気のエネルギーが滞《とどこお》って病気になるわけです。

古神道では二つの異なるエネルギーの結合を目指す

古神道では、自分の内側で二つの違うエネルギーが葛藤し合う状態を「異心《ことごころ》」といいます。その根本は、認められたい、愛されたいという思いです。とてもシンプルです！　これを古神道は「魂《こん》と魄《はく》が遊離している状態」ととらえます。**身体から離れてしまっている魂を丹田（おへそ指3本下で指3本奥）によびもどして鎮めることが「鎮魂《ちんこん》」です。**

古神道には、鎮魂の行《ぎょう》がたくさんあります。結局、魂意識と肉体意識を統合して、全体性をとりもどすということです。全体になれば、「身体健やかなり」です！

天照大御神は古神道では、天之御中主神の一つの側面としてのお名前でも呼ばれています。そのお名前は、**天照皇大御神《あまてらすすめおおみかみ》**であり、すべては宇宙の原理、天之御中主神が様々な形で顕現していると考えます。同じ物でも見る角度から違って見えるように、古神道では、同じエネルギー存在が複数の名前で呼ばれることがあり、同体異名と言います。

太陽系の太陽のエネルギーとしての天照大御神は、地上の生きとし生けるものすべての源です。様々な側面に分かれた大元のエネルギーが、太陽系地球に生きている私たちの中に、天照大御神の内なる太陽として在るのです。

キラキラと輝く太陽が、裁きや後悔の雲に隠れている状態が異心《ことごころ》です。本来の真の自分自身である天照大御神が覆い隠されています。

要らないものを禊ぎ、本質に戻る道

レムリアの叡智は、古神道だけではなく、修験道にも伝わっています。修験道は日本古来の山岳宗教が、仏教、特に密教と結びつき、さらに神道や道教もミックスして次第に形成されていったものです。

修験道というのは、悟るため、つまり本来の自分自身に戻るために山にこもって修行する道です。私も、3日間の山伏《やまぶし》の修行体験をしましたが、心身ともに本当に生まれ変わりました。

私が参加したのは、出羽三山《でわさんざん》で星野先達が主催するプログラムで、険しい山に登ったり、最後は滝行もやりました。2日目には、足ががくがくと笑い、本当に死ぬ思いをしましたが、神聖な山のエネルギーに触れ、水の強烈な浄化の力を体感しました。

身体が苦しくなってくると、あと何段階段があるのか、あと何分ぐらい登るのだろうと思うと、身体が動きません。意識が未来に行くと、エネルギーが激減するのです。修験を通して実感したことは、先のことも後のことも考えず、ひたすら、「今、ここ」に意識を集中するしかないということでした。

魂と肉体のラインがクロスする十字の中心が、永遠の今である「今、ここ」です。

頭はすぐ過去にとらわれ、未来にただよっていきます。**神人合一を達成するためのシンプルな方法は、五感に集中して「今、ここ」にいればいいのです。**

修験道は不要なものを身からそぎ落とし（禊《みそ》ぎ）、本質に戻る道だと思います。

このように、山伏と言われる修験者たちは、厳しい鍛錬をとおして悟り、様々な霊力を身につけていきました。神人合一ができると、気が動かせるようになったり、病気を治したり、いろいろな魔法が使えるようになります。

レムリアの魔法の力と現実化

意識が広がり、魂魄《こんぱく》が一つになるなら、私たちは、文字通り魔法使いになります。

天之御中主神の魂が、地の物質のエネルギーである魄《はく》と合一するのですから、六根清浄の祝詞にあるように、
「願うところのこと、成りとどのわずということなし！」です。

このしくみを理解していた修験道、古神道や陰陽道には、まさに「魔法」ともいえる方法が伝えられています。

病気治しをはじめ、神々とコミュニケーションをとったり、目に見えない次元を見ることができたり、豊かさを引き寄せたりすることができるようになります。

自分の思うようにエネルギーを動かし、神々の応援団を味方にして思う現実を手に入れることが可能です。意図をクリアにし、言霊を使い、行動すればいいのです。

古神道には大国主《おおくにぬし》と少彦名《すくなひこな》大神が伝えたという「まじなひ」の術が伝わっています。

ただ、異心《ことごころ》を持ち、内なる太陽が雲に隠れているならば、思う現実は手に入りま

せん。古神道の中心は、この異心をクリアにする「禊ぎと祓《はら》ひ」です。

不要なものを祓い落とし、エネルギーで満たす「禊ぎと祓ひ」

不要なものをそぎ落とすのが「禊ぎ」ですが、身削《みそ》ぎの意味があると同時に、御魂《みたま》を注《そそ》ぐという意味合いがあります。同様に、**不要なものを祓い落とすのが「祓ひ」ですが、「張《は》る霊《ひ》」とも表現され、自分自身の生命エネルギーをいっぱいに満たすという意味でもあります。**手放すと同時に、活性化するのです。

禊祓詞《みそぎはらひのことば》（天津祝詞《あまつのりと》）

高天原《たかあまのはら》に　神留坐《かむづまりま》す

神漏岐《かむろぎ》　神漏美《かむろみ》の　命《みこと》以ちて
皇親神《すめみおやかむ》伊邪那岐《いざなぎ》の大神《おほかみ》
筑紫《つくし》　日向《ひむか》の　橘《たちばな》の　小門《をど》の　阿波岐原《あはぎはら》に
禊祓《みそぎはら》ひ給《たま》ふ時《とき》に　生坐《あれま》せる　祓戸《はらへど》の大神等《おほかみたち》
諸々禍事罪穢《もろもろまがことつみけがれ》を　祓《はら》へ給《たま》ひ　清《きよ》め給《たま》ふと　申《まを》す事《こと》の由《よし》を
天《あま》つ神《かみ》　地《くに》つ神《かみ》　八百万神等共《やほよろづのかみたちとも》に　聞《きこ》し召《め》せと申《まを》す

不要なもの、つまり「罪、穢れ」を祓うために最も多く唱えられている天津祝詞《あまつのりと》とも呼ばれる禊祓詞《みそぎはらひのことば》は、祓いの言霊の代表です。必ず、七五三や正式参拝のときに、最初に神主さんが唱えてくれるので、きっとお聞きになったことがあると思います。

ここに出てくる「罪、穢れ」も、悪いことをした罪、汚いという意味ではありません。罪は、太陽がつつみ隠されていることで「包み」あるいは、流れが詰まっているという言霊で「詰み」であると言われますし、**穢れは、「氣枯れ」**で、**本来流れるべ**

き気のエネルギーが滞っている状態をさします。

禊ぎの起源は、古事記にある伊邪那岐命が黄泉の国に行った穢れた身体を小戸のあはぎ原で洗いすすいだときに、最も貴い神々、三貴神が生まれた物語にあります。

水の浄化力を使って清めるのは、魂魄《こんぱく》合一のために具体的な方法です。
古神道に伝わる禊ぎと祓いの方法は、第四章でご紹介しています。

心が満たされていることが究極の豊かさ

魂魄《こんぱく》合一は、豊かさをもたらすこともできると言いました。
そのためには、何が豊かかということを、まず知る必要があります。

お金もその一側面で、豊かさをはかるわかりやすい要素ですが、実はお金は何の解決にもなりません。大金持ちですが、すごく不幸な人に先日お会いしました。お金があるから幸せになるわけではありません。

お金はゆとりの時間を与えてくれることは確かですが、ニュートラルなエネルギーであり手段です。

まず、自分の豊かさの定義を自分できちっと明確にすることが大切です。

ただ、お金が入ってきて自由になったとしたら、ほかのものも引き寄せられるということでもあります。

最終的には、幸せになることが豊かさではありません。幸せは一時的な現象で、いつ何どき、ひっくり返るやもしれないのです。**究極の豊かさは、その人の心が満たされていることです。**それぞれの豊かさがあっていいのです。

最近、ミニマリストの若者たちが増えてきています。葛藤もなく、山の中で、何もおいてない小屋で自給自足をしているような人たちです。そして、本当にその人の心が満たされていたら、それは真に豊かだということです。

さあ、それではバランスのとれた、豊かな人生をクリエイトするための実践編に入っていきましょう。

第三章
——レムリアの叡智のヒーリング

私たちが目指すのは、神人合一の状態

これまで、私たちという存在のしくみやレムリアの一元の時代のお話をしてきました。

おさらいをしましょう。私たちは、高天原という宇宙から降りてきた完全で永遠の魂と、地上で生まれた進化する身体の意識である魄《はく》との大きく二つの異なるエネルギーが協力し合っている存在です。魄《はく》は、輪廻転生するエネルギーの部分のスピリットと、本能的な知性を司る物理的な身体《ボディ》の二つから成っています。この見方をすれば地上にいる私たちは、「魂《ソウル》」と「魄のエネルギー《スピリット》」と「魄の物質《ボディ》」の三位一体《さんみいったい》の存在です。

魂魄《こんぱく》がお互いに協力し合い、同じ音楽に合わせて楽しくダンスを踊っている状態ならば、私たちは、楽で健康な人生を送ることができます。**私たちが目指すのは、魂魄《こんぱく》**

の統合で、これは神道では神人合一の状態と呼ばれます。

簡単に言えば、すべてをつくり出している生命エネルギー、「氣」あるいは「プラーナ」の川が、私たちの物理的な肉体やそれをかこむエネルギーの身体を自由に滞りなく流れていればOKなのです。

その川の流れを滞らせるのが、自分や人を裁いたり、否定したりすることや、トラウマ、傷ついているという想い、我慢、恥や罪悪感、後悔、自己憐憫《れんびん》などの「葛藤」です。

古代のヒーリングで巨大ガングリオンが消えた！

まず、古代のヒーリングがどれだけパワフルかを私自身が体験したので、皆さんに、聞いていただきたいと思います。

朝のワイドショー的な小見出し（笑）ですが、それが起きたときにはわかっていつつもセンセーショナルな出来事でした。


スコットランドに、ケルトのエネルギーとつながるツアーをしていたときのことです。私の右手首には、脂肪の塊といわれる巨大ガングリオンが1年以上前から出現し、とても困っていました。手術をしてもすぐ同じところにまたできるというデータもあり、ブレスレットでごまかしてはいましたが、やはり、見るとぎょっとするぐらい目に付いたのです。

スコットランドツアーの後半、イギリスにおける最初のケルト教会を訪れました。そこは、アイオナ島といって、イギリス西部の島なのですが、ケルトのエネルギーも強く、ケルト好きの人にはたまらない、レイラインがクロスする非常にパワフルな場所です。

静かなその教会の芝生の上で、参加してくれた仲間と、レムリアの流れをくんだ東西南北に向いて祈る、四方向の儀式を行ったのです。六芒星の形をみんなでつくりながら。

儀式の意図は全体性に目覚めるでしたが、個人で一つ現実化したいことも決めました。そのとき、特別ガングリオンを消すと明確に意図したわけではありませんでした。けれど、全体性を意図すれば、健康にもなります。潜在意識では、本当にガングリオンが消えた状態を望んでいたのでしょう。意識を集中した儀式のあと、意図を込めた石を埋めました。

そのときすぐには気づかなかったのですが、帰国したら、あの巨大ガングリオンがすっかり消えていたんです！　よく、「地球の物理学を超える体験は、気づかないうちに起きる」といいますが、まさにそのとおりでした。あの、まるで骨の塊としか思えない、高さ1・5センチはあったにっくきガングリオンが跡形もなくなくなり、そこには平らな手首がありました。

目に見えない部分、例えばガンがすっかり消えるとか、傷が予想の三分の一ぐらいの期間で治ってしまうなど、周りの体験もいろいろありました。でも、目の前の骨のような大きな塊が、あっけなく消えてしまったのは本当にビックリでした。

ビフォアアフターの証拠写真をここに掲載したいのですが、あいにく、見たくもなかったガングリオンちゃん（もう後のほうでは人格を投影していました！）の写真は一枚もないのです。

前にも一度、ガングリオンが即座に消えたことがありました。それは、私の師であるゲリー・ボーネル氏の通訳をしていたとき、エネルギーの講義をゲリーがしながら、私の左腕のあるポイントをしばらく指で押さえたのです。ここが滞っているといわんばかりに。

その後、やはり気づいたらなくなっていました。それはうれしくて、うれしくて万歳していたのに、1週間ほどで、これまた気づかないうちに、もとのままに戻っていました。

そんなこともあったので、今回もまたしばらくしたら戻ってくるのかもと、ちょっぴりドキドキしていましたが、この2年ほど、戻ってくることはありません。

うーん。これはどういうことでしょう。一度目に消えたときは、私の意図は意識的でなく、第三者が気を流してくれて、いつの間にか消してもらったという受け身の体験だったからではないでしょうか。

この事実は、これからご紹介するヒーリングの実践において大切なことだと思います。

セルフヒーリングのときは、きちんと健やかさ、ウェルネスを意図しますが、ヒーラーとして、相手にヒーリングするときには、やはり相手の方にも、ちょっとエネルギーのしくみを理解してもらい、自分で自分の状態に責任をとっていただくことが有効です。

すべてのヒーリングは、セルフヒーリングなのですから。

ただただ、受け身でヒーラーに依存するクライアントさんは、原因が取り除かれない限り、また同じ症状が出てくることでしょう。

もう少し詳しく、私たちのエネルギーの身体について、お話ししましょう。

エネルギーのボディ

私たちは物理的な肉体だけの存在ではありません。第一章58Pで、私たちは7層のエネルギー体から成っているお話をしました。もう少し詳しく言いますと、魂は6層、魄《はく》は2層のエネルギーから成っています。魂と魄の双方に、「エーテル体」とよばれる層があり、魂魄《こんぱく》のエーテル体が重なって一つの層を形成しています。わかりやすく言えば、エーテル体がのりしろのように重なって、魂魄《こんぱく》をつないでいるのです。

魂のエーテル体には、この地球上のすべての体験が記録され、肉体のエーテル体に

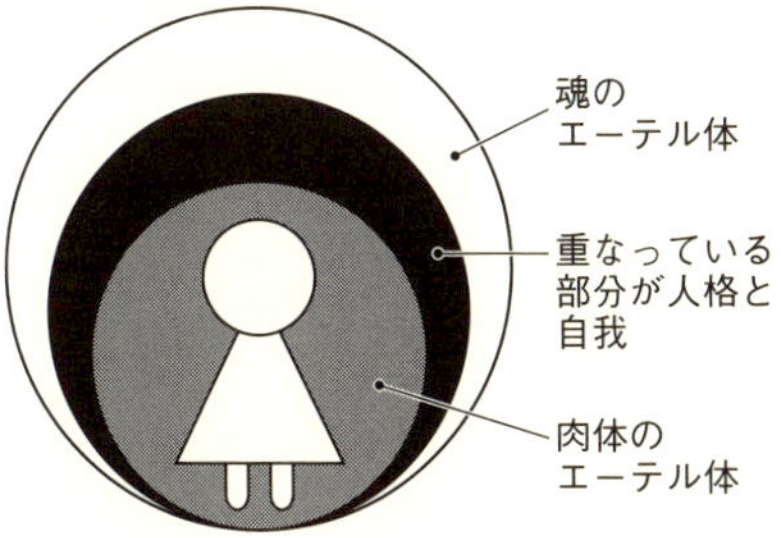

は、一つ前の転生のすべてと、今世の誕生から今までのすべての体験が記録されています。
記憶を貯蔵しているのは、脳内ではなく、脳はエーテル体の情報とつなぐ装置です。

この魂のエーテル体と肉体のエーテル体の間が自由に交流しているなら、私たちは健康ですが、トラウマなどで「氣」に滞りが生じると、魂魄《こんぱく》間のエーテル体をエネルギーが自由に流れなくなってしまいます。

エネルギーセンターである7つのチャクラ

私たちをメインに支えているのは、「氣」と呼ばれる生命エネルギーです。この

「氣」のエネルギーを私たちは主に呼吸と食事から取り入れています。だんだん、食事をとらないブレサリアンと呼ばれる人たちが増えてきていますが、この人たちは、エネルギーを直接、身体中に散らばったチャクラと呼ばれるエネルギーの出入り口を通して取り入れています。

以前にもお話しした14万4000個の魂の細胞がこのチャクラにあたりますが、中でも主要なエネルギーセンターが背骨を含む中心軸にそって、7つあります。手のひらと足の裏、膝の裏も大切なチャクラです。また、主な関節にも重要なチャクラがあります。

7つのチャクラは、下三つは魄《はく》のエネルギー、上三つのチャクラは、魂のエネルギーと対応し、その二つのパーツをつないでいるのが、ハートのチャクラです。

魂魄《こんぱく》も肉体もすべての総体が、「今の私」ですが、魂魄《こんぱく》をつなぐ要《かなめ》がちょうど胸の中心のあたり。

私たちがボディランゲージで自分を示すとき、胸に手をあてますが、ハートこそが

７つのチャクラ

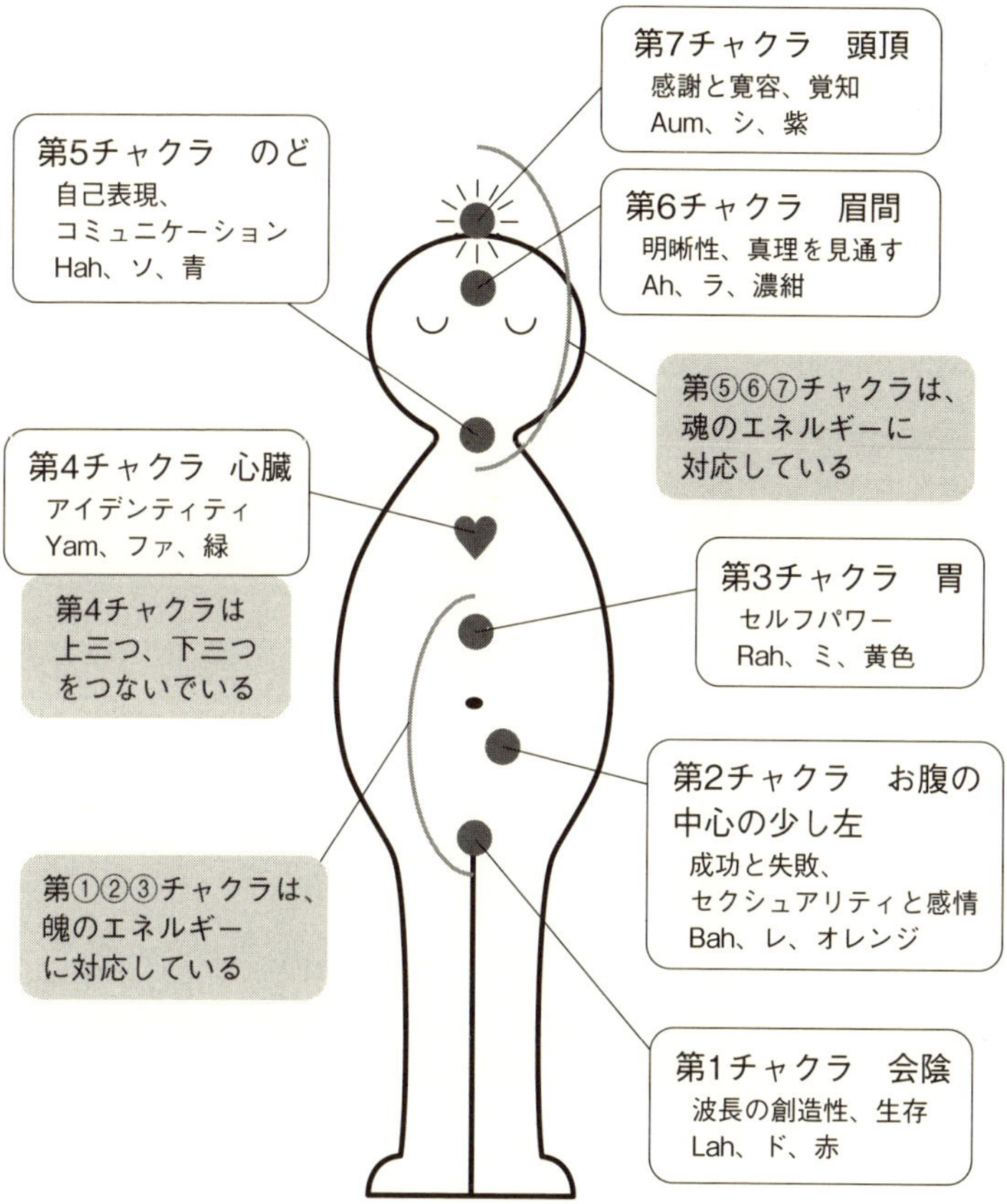
第7チャクラ　頭頂
感謝と寛容、覚知
Aum、シ、紫
第5チャクラ　のど
自己表現、
コミュニケーション
Hah、ソ、青
第6チャクラ　眉間
明晰性、真理を見通す
Ah、ラ、濃紺
第⑤⑥⑦チャクラは、
魂のエネルギーに
対応している
第4チャクラ　心臓
アイデンティティ
Yam、ファ、緑
第4チャクラは
上三つ、下三つ
をつないでいる
第3チャクラ　胃
セルフパワー
Rah、ミ、黄色
第2チャクラ　お腹の
中心の少し左
成功と失敗、
セクシュアリティと感情
Bah、レ、オレンジ
第①②③チャクラは、
魄のエネルギー
に対応している
第1チャクラ　会陰
波長の創造性、生存
Lah、ド、赤

自分の中心だとわかっているからなんです。

それぞれのエネルギーセンターには、担《にな》っている役割があります。幼いころから成長するにしたがって、順番に下からエネルギーが活性化していきます。

1歳から7歳まで第1と第2のチャクラ、14歳までに第3と第4、21歳までに第5と第6、そして、28歳までには第7チャクラが完全に活性化して、いっちょあがり！と言いたいところですが、これは、レムリア時代のように人間存在を深く理解した親や先生にかこまれて育った理想的な状態の話です。普通は、サバイバルモードの親に育てられ、傷ついたり、不安定な家庭で頑張っていると、いつまでも魂の意識が優位になっていきません。

心身のバランスが崩れているとき、これらのチャクラがちゃんと活性化していないことを表しています。レムリアやアトランティスの一元の時代には、色や光を使ってチャクラに働きかけて、「氣」の流れを回復させていました。
社会的に不具合を犯した人は、今のように刑務所に入れられることはありません。色や光を使ってヒーリングすることで、社会復帰できていたのです。現代では罪を犯す人は、とても深く傷ついている人だとも言えます。

音階はハ長調です。

第1チャクラ	Lah	ド	赤	波長の創造性　生存
第2チャクラ	Bah	レ	オレンジ	成功と失敗　セクシュアリティと感情
第3チャクラ	Rah	ミ	黄色	セルフパワー
第4チャクラ	Yam	ファ	緑	アイデンティティ
第5チャクラ	Hah	ソ	青	自己表現　コミュニケーション
第6チャクラ	Ah	ラ	濃紺	明晰性　真理を見通す
第7チャクラ	Aum	シ	紫	感謝と寛容　覚知

例えば、罪悪感や恥など、感情のエネルギーが滞っているときは、第2チャクラが滞っていたり、自分に自信がないときは、みぞおちの第3チャクラが弱くなるといったことが起きます。

日本人は、自分の言いたいことを飲み込んで言わない傾向とそれに伴って感情を押し込める人が多いので、第2と第5のチャクラが滞りがちです。そして、自信がない人も多いので、第3チャクラも要注意。

私たちの魄《はく》はDNAを通して、遺伝的に弱いところがあると、そこに「異心《ことごころ》」であるストレスが病気という形で発現します。このしくみを覚えておくと、体調不良になったときの原因がなんとなくわかります。チャクラの場所から、そのセンターが統括している臓器の場所がわかるからです。

職場などで、上司とうまくいかなくてストレスがたまると胃潰瘍になったりしますね。これは第3チャクラの滞りです。ハートブレイクという言葉がありますが、悲しみがたまると第4チャクラに影響して、肺に問題を起こす傾向があります。腸は第2

の脳みそとも呼ばれていますが、敏感に感情に反応します。第2チャクラです。

一元を体験していたときの叡智は、「氣」の滞りを解消する具体的なヒーリングの方法をたくさん伝えています。ヨガや、太極拳、気功や、部族に伝わるシャーマニックな儀式など、あらゆる方法がありますが、ここでは、自分でシンプルにできる方法を、レムリアの叡智と古神道に伝わる和の叡智を基にして、いくつかご紹介していきましょう。

儀式について／明確な意図を持ってエネルギーを動かす

レムリアの叡智と、古神道双方に伝わる大変重要な側面があります。それは「儀式」です。

今でも、地鎮祭や正式参拝などで、神道の儀式はご覧になる機会があると思います。定められた動き、定められた祝詞を厳《おごそ》かに唱える神官の方々。参列していると、形式だけで、何か意味があるのかと思われるかもしれません。儀式を執《と》り行う人の意識と意図にもかかっていますが、実は、**儀式は、変化をもたらすにはシンプルで最もパワフルな方法なのです。**

儀式とはエネルギーを明確な意図を持って動かしていくこと。人間は、繰り返しによって、脳が学習するのですが、一瞬で脳に強く影響を与えるものが二つあります。

一つ目は、トラウマです。安全安心を追求する肉体の意識にとって、激しいトラウマは、命を脅かされるので、一瞬で体に深く情報を刻みます。繰り返して体験しないようにするためです。だから、トラウマを受けるとなかなかそこから出にくいのです。

二つ目が、儀式です。人間の意識はあらゆる情報を受け取ることができます。儀式に使われる香りや、音、エネルギーをのせた言葉や形が、無意識下にストレートに身体に影響します。例えば祝詞などは特に、千年以上にもわたって、日本中のあらゆるところで儀式とともに唱えられてきた言霊です。

今、私たちが同じ祝詞を口にするとき、そこには、千年にもわたって積み上げられたエネルギーがともに働くのです。大祓祝詞や六根清浄の祝詞などは、そういう意味でも実にパワフルなのです。

普段無意識に行っていること……例えば、普段、皆さんはどのような順番で歯を磨いたり、お風呂で身体を洗ったりしていますか。いつのまにか、一定の順番で同じことを繰り返しているなら、それもある意味「儀式」だと言えます。なじみのあることに安心する肉体の意識は、繰り返すほど潜在意識にエネルギーが定着します。そういう意味では、日常が無意識の儀式の連続とも言えるのです。この肉体意識の繰り返しの大好きな性格を、望むものを手に入れるために利用するのです。

無意識ではなく、意識化した儀式として、潜在意識に望むエネルギーを定着させましょう。

ここで、ご紹介する、レムリアや古神道由来のご自分でできるシンプルな方法も、意図を明確にした儀式として行うとより効果が上がります。儀式化するには、同じ場所、同じ時間に毎日繰り返すことが最も効果が上がります。

例えば、いつも同じスカーフを身に着けて儀式をするなら、そのスカーフを手に取っただけで、肉体に一定のエネルギーが流れ始めることでしょう。手間いらずで、ものぐささんにはピッタリ。

祈りについて／意を乗せる「意乗り」

祈りは意を乗せる「意乗り」です。祈りは行動そのものです。

クリアな意図を、創造の宇宙に向かって放つと、あなたのもとに意図のエネルギーは形になって戻ってきます。

創造主、天之御中主神のｉＰＳ細胞であるあなたが、葛藤のない集中した想念のエネルギーを放てば、目に見えない存在たちは従わざるを得ません。

ここでちゃんと理解していただきたいポイントは、私たちは力のない存在で、自分よりずっと上に存在する神々や天使たちに、すがってお願いするのが祈りではないということです。

真摯《しんし》に、**迷いのない心から意識を集中した祈りは、力強く飛翔する矢のエネルギーとして多次元に放射されます**。基本はすべてがネットワークでつながっているわけなので、本来ならネットショッピングでぽちっとするように、宇宙と森羅万象は応えてくれるしくみになっているのです。

儀式でともに踊るのは、人々だけではなく、神々や精霊たち、天使たちもともに祝祭を楽しんでいます。存在たちは祈りのエネルギーを受け止め、ともに三次元に現実を協同してクリエイトしていきます。

ただ忘れないでください。迷いのない真心からの祈りが重要です。

「どうせ叶わないでしょ。私はその価値がないんだから」と潜在意識が思っていたら大変。結局、潜在意識や葛藤が叶うことになってしまいます。

だからこそ、自分を深く見つめ、正直に隠された思いや想いに気がつくことが大切です。**傷ついた過去や、背負ってきた役割など、もう役に立たないエネルギーはとっと流してしまいましょう。**

それでは、その役に立たないエネルギーの流し方、忘れていた本来の自分を取り戻す方法である「ヒーリング」を具体的にご紹介していきます。

心身が癒され、魂魄《こんぱく》が合一するなら、思いが叶う、楽ちんな人生が待っています！

レムリアのバランスをもたらす方法（実践編）

古代の叡智が伝えるすべてのヒーリング法は、**全体性を取り戻すこと——魂魄合一**《こんぱく》につきます。そして、心身の不調はすべてストレス由来です。ストレスは、魂魄《こんぱく》がバラバラの状態、感情と思考や、考えと行動が一致しないときに生まれます。心が満たされていない状態が葛藤です。

全体性を取り戻す第一歩であり、結果でもあると言えるのが、心身のリラックス。のんびり、ぼ～っとすることがまずは癒しのスタート。

サバイバルモードのときは、どうしても逃げるか戦うかの緊張状態、交感神経が優位な状態です。それをほどくのがリラクゼーション。

リラックスしたときには、私たちの脳波がゆったりと下がります。簡単に言えば、脳波をアルファ波からシータ波ぐらいに下げればいいということでもあります。それはちょうど眠りに落ちる直前、あるいは眠りから目覚める直前の脳波状態。

潜在意識を開く催眠療法も、結局脳波を7・8ヘルツ以下、アルファ波からゆったたりさせることで、暗示を与えることができるのです。
潜在意識は、魄《はく》の肉体の意識領域です。わかりやすいでしょう?

1．呼吸——天と地、魂と肉体をつなぐもの

呼吸ほどパワフルなツールはありません!

心臓や内臓はコントロールできない不随意筋です。手や足を動かすのは自由にコントロールできる随意筋です。それでは呼吸はどうでしょう。止めることはしばらくできても、止め続けることはできません。呼吸運動こそ、天と地、陽と陰、コントロールできない領域と、コントロールできる領域をつなぐブリッジです。

そして、私たちは、緊張したり、疲れたりすると自然にため息やあくびが出ます。

身体は自分で調節する方法を知っているのです。**呼吸は、リラクゼーションへの重要かつ唯一の入り口です。**

基本は鼻から吸って鼻から吐きます。

①　肺の全部を使った腹式呼吸をできるだけ意識して行いましょう。

②　呼吸法は、まず息を全部吐くと、吸うときに自然に気が入ってきます。

③　純粋な気のエネルギーを、肺全部を使って吸い込み、肺の上のほうから順番に息を吐いて、最後にお腹が凹《へこ》みます。

気は意図するように動きます。吐くときに不要なエネルギーを全部吐き出す。あるいは吸うときに気のパワーを全身に満ち渡らせるなど、イメージを使いましょう。

赤ちゃんは、自然と腹式で呼吸します。一番効率よく、気のエネルギーを取り入れる方法です。意識呼吸は、何をしていても行うことができます。歩くときも、電車を待っているときも、気づいたら、意識的に腹式で呼吸してみましょう。これも立派な瞑想法です。

インドにはプラーナヤマという神人合一を目指すすばらしい呼吸システムがあります。これはどれも有効ですので、ご自分で調べてみてください。

中でも次の4、4、4、4、の比率呼吸は、心と身体を落ち着かせて合一を早めます。

＊　4拍吸って、4拍止める。4拍吐いて、4拍止める。

怒りの感情が適切でない状況で抑えきれないぐらい湧き上がってきたようなときも、2~3回、意識呼吸をしてみると、気持ちがすっと落ち着いて、全体性の客観的な視点が降りてきます。

レムリアの人のようなゆったりしたエネルギーが広がるはずです。

2. 瞑想——全体性を体感する

目を閉じて、呼吸を意識してみましょう。

瞑想が習慣化したら、怖いものなしになります!!


姿勢は、横になったら手のひらを上に向けて、ヨガでいう死体のポーズになります。でも、これで瞑想したら、死体どころか、細胞が思いっきり活性化。生まれ変わりポーズとでも名付けたいぐらいです。

座って瞑想する場合は、座禅のように足を組むか、椅子に腰かけてください。

椅子に座ったときは、骨盤を少し前にたおして、坐骨《ざこつ》に均等に体重をかけ、背骨がすっと上に引き上げられている感じ。顎《あご》を少し引くと、仙骨《せんこつ》から頭頂までが、天地をつなぐ天の御柱……光の柱となります。
ほほ笑むように、口角を上げましょう。
鼻からすって口から出すとき以外は、舌の先は上顎につけてください。
古神道の行のときも、瞑想するときのポイントは同じです。

瞑想中に、頭がいろいろと考えてしまうのは当たり前です。頭にお仕事をあげましょう。数字を数える、好きなマントラを唱えるなど、自分に合った方法をさぐってみましょう。それでも雑念が湧いたら、ちゃんとその想念を認めて、シンプルに流して、また数字やマントラに戻りましょう。
前述したプラーナヤマも、瞑想の一つの形と言ってかまいません。

天地をつなぐ呼吸法で自分の聖地《パワースポット》をつくる

魂魄《こんぱく》合一または、中心意識とも呼ばれる意識状態をつくる具体的な瞑想の例を一つあげます。この瞑想法で脳波を下げた状態を繰り返し体験すると、脳が神経回路をつくってくれます。

呼吸を意識して、心身がゆったりとくつろぎ、意識がクリアに広がったなと感じたら、ぜひ、その感覚をしっかりと身体に落とし込んでください。

アンカリングといいますが、指で印をつくるとか、一番気持ちのいい場所を実際に手指で押さえてみましょう。身体の感覚と意識状態を結びつけます。そうすると、その場所、例えばおへその上を手で押さえると、瞬間に深い瞑想状態に入ることができます。

画像のようにイメージを見る必要はありません。思うだけで、エネルギーは動きます。

「天地をつなぐ呼吸法を使った瞑想」

① 姿勢を正し、呼吸を意識しましょう。魂魄《こんぱく》が自由に交流し、意識が明晰で拡大していくことを意図します。

② 純粋な気のエネルギーを全身から身体の中心軸に吸い込み、不要な感情や感覚を吐く息とともに解放します。

③ 心の中で10から0と数えながら、階段を降りていくイメージを使いながら意識の深い領域まで降りていきます。

④ 最後の階段を降りきった場所はあなたの大好きな自然の中です。草原や森の大自然でもいいし、心地のよい綺麗なお庭でもかまいません。気持ちよくて、安心できる大好きな場所です。その聖地の中心に行きましょう。

⑤ その中心を五感を開いてリアルに感じましょう。どんな色が溢れていています

か。風の音や鳥の声、太陽のあたたかさなどを感じてください。

天地をつなぐ呼吸法を行います。

天地をつなぐ呼吸法とイメージング

① すべての息を口から吐く。
② 息を吸いながら大地の中心からエネルギーをハートにあげ、吐きながら天へと送る。
③ 息を吸いながら天のエネルギーを、クラウンチャクラからハートに降ろし、吐きながら大地の中心へと送る。
④ この呼吸を繰り返す。
⑤ 大地から天へ、天から大地へ感謝のエネルギーを送りながら　自分が天地をつなぐまっすぐで輝く光の柱そのものとなる。

⑥　最後は天から降ろしたエネルギーを丹田におさめる。

この天地をつなぐ呼吸法で、クリアになったらその状態をアンカリングしてみましょう。

それでは、レムリアのエネルギーを体感する瞑想法をやってみましょう。

レムリア式のヒーリングは大自然そのものや、自然のサイクルと一体化することです。

自然そのものとなる瞑想

次の瞑想はできれば、自然の中で行えれば最高です。最初は、時間は短くてもかまいません。

5分ぐらいから、慣れてきたらだんだん瞑想の時間を増やしましょう。

平均20分の瞑想が、意識に深い変化をもたらすという実験の結果が出ているそうです。1回20分の瞑想ができれば理想です。

①姿勢を整えましょう。呼吸に意識を向けてゆったりとリラックスします。

②自然の音に耳をかたむけます。五感をシャープにしましょう。例えば川の音。水の音にふわっと聴覚を集中します。真剣ではなく、やわらかく音にフォーカスしながら、他の感覚も開いていきましょう。川の流れを想像し、川の水そのものを体感し、クリアな川の水の香りを味わいながら、だんだん川そのものである自分を感じてください。川や木と一体感を感じるのです。

③自然の中でできない場合は、部屋の中で、大好きな石やクリスタルを手にして、石と呼吸を合わせながら、石と一つになります。石をとおして、森羅万象とつながってください。

レムリアの人たちは、大地と自然と直結して生きていました。

私たちの身体も地球生まれの自然の一部です。身体と自然、身体と地球が共振すると、天之御中主神、創造主の普遍意識と一体になります。

瞑想を日常に取り入れ、毎日行うなら、森羅万象すべてが同じものでできていると、実感する瞬間がくるでしょう。それが目覚めです。

大自然の中に身をおくだけで、私たちはバランスを取り戻すことができます。五感を開いて、風や雨の匂いを感じましょう。花や木とコミュニケーションをとってみましょう。

3．全体性《ユニティ》のヒーリング——自分と人を癒す

古代の叡智はエネルギーの流れに沿って、ポイントを押さえることで、気を整える方法も伝えていますが、一番の根本にあるのが、全体性のエネルギーの共鳴です。

これはユニティヒーリングとも呼ばれています。

振り子をたくさん並べておくと、いつの間にか全部の振り子が同調して、同じ速さで振れるようになります。エネルギーにも同様の引き込み現象、同期現象が起きるのです。そして、人の波動であるハーモニクスは、より全体性の波動、源のバイブレーションに同調していきます。

バランスのとれた、クリアな人のそばに行くと、自分までクリアで気持ちよくなりますし、自分自身が揺らいでいるときは、落ち込んでいる人のそばに行くと、自分まで なんだか暗くなっていきますよね。

ですから、レムリアのヒーリング方法の根幹は一つ。

「自分自身が魂魄《こんぱく》合一になって、そのエネルギーを放射する」

これだけ！　シンプルでしょう？　シンプルすぎるのですが、実際に試してみると、その絶大な効果に驚きます。

ユニティヒーリングの根本は、**自分も全体であり、相手にも欠けたところや、病《やまい》を見ないという意識**で、シンプルに自分の魂霊体――ソウル、スピリット、ボディを統合状態にするだけです。

別に悟っていなければならないわけではありません。

瞑想のところでお話ししたように、脳波を下げていくだけで、自由に魂魄《こんぱく》の間をエネルギーが流れ始めるからです。

私がヴィジョンで見たヒーリング方法はこのような感じでした。大きな六芒星《ろくぼうせい》の真ん中に癒しを必要としている人がいます。具合が悪い場合は、横になっています。

六芒星のとんがったポイントのところに、6人のヒーラーがいて、6方向から健やかなエネルギーを真ん中の人に送っていました。
そのとき、口から音を出して、サウンドヒーリングもしていました。一元の時代、全員がはっきりと、エネルギーを物理的なものとして感じることができました。

ユニティヒーリングは、一対一のヒーリングも有効ですが、このように一人の人を真ん中にして、複数の人たちがエネルギーを送ると、その効果は相乗作用もあって、飛躍的に上がります。同じ価値観の仲間が集まったら、ぜひ実験してみてください。具合が悪くなくても、仲間のエネルギーがあったかい温泉につかっているように心身をゆったりとほぐしてくれるのを実感できるかもしれません。あるいは爽やかな風のように軽やかさを感じるかもしれません。ともかく、心地よく芯からリラックスできること請け合いです。

ここでは、全体性と健やかさのエネルギーは同じ波動として取り扱います。ただ、ヒーリングのときは、「健やかさ」にフォーカスしましょう。

ポイントは、**自分自身のエーテル体を液状の健やかさ——全体性のエネルギーで満たし、例えば相手の肩に手を置いて、ただ健やかさのエネルギーを発射するだけでいいのです。**直接相手の身体に触れることなく、相手の身体から少し離れて、相手のエーテル体を健やかさのエネルギーで満たすという意識を持ってもＯＫです。

どこかが悪いから、そこにエネルギーを送るのではありません。**自分が全体性のリズム、エネルギー、源の生命エネルギーそのもので「在る」なら、相手も源の波動に共鳴、共振していきます。**

レムリアのユニティヒーリングの方法

ユニティヒーリングの手順は次のようになります。前にご紹介した「自分の聖地《パワースポット》」とつながり、健やかさのエネルギーを呼吸で満たすだけでもかまいませんが、この方法もシンプルです。

ヒーリングの前は、自分のミニ儀式として、手を洗い口をすすいで清浄な気持ちで臨むとよいでしょう。

エネルギーは、流動体で、水と同じようにふるまうということを知っておいてください。

イメージングをするとき、少し質量のある液体だと感じると体感しやすいかもしれません。

① 呼吸は鼻から吸って鼻から吐く完全呼吸で行います。

② 天地をつなぐ自分自身の中心軸を意識します。背骨そのものではなく、背骨を包み込むエネルギーの柱です。

③ その中心軸に向かって全身から「健やかさ《ウエルネス》」のエネルギーである「氣」――生命エネルギーを吸い込みます。その健やかさで自分の身体を満たし

ます。繰り返します。

④ 次にその健やかさのエネルギーで、皮膚を超えて、エーテル体、自身の身体の周り1・5から2メートルぐらいの領域を満たします。もう少し大きくてももちろんかまいません。ご自身の感覚を信頼しましょう。繰り返します。

⑤ 流動的な健やかさのエネルギーが自分をすっぽりと豊かに包み込みながら、肉体もオーラも自由に流れていきます。

⑥ 呼吸のたびに、エネルギーの密度がどんどん濃くなっていきます。

⑦ この状態で、相手のエーテル体を満たします。肩にそっと手を置くだけでもかまいません。そのときも手から症状のあるところに流すのではなく、ただ、自分と相手を全体性と健やかさのエネルギーで満たすだけです。

⑧ ヒーラー自身が、「もう十分」と感じたらやめましょう。

レムリアのユニティのヒーリングのすばらしいところは、自分自身をも全体性で満たすのでヒーリングのたびに、元気になることです。実際に、手をかざさなくても、**あなたが常に全体性のエネルギーで存在しているなら、周りの人は自然にバランスがとれていきます。**いつのまにか、あなたがいるところに、なんとなく人が集まってくることに気づくでしょう。

どんな人も、無意識的に、全体性のエネルギーに反応するからです。あなたが、お客さんのだあれもいないお店に入って、中を見ていると、一人、また一人と、人が増えてきて、いつのまにかいっぱいになっていたということが起きるかもしれません！

遠隔ヒーリング／遠くにいる人にもエネルギーを送る

氣の生命エネルギーが時空を超えます。遠くにいる大事な人にも、健やかさのエネルギーを送ることができます。目をとじて準備ができたら、その人を目の前にイメージしましょう。

あたかもその人が自分の前にいるかのように、エーテル体を健やかさで満たしてください。手順は同じです。自分の周りに健やかさの流動的なエネルギーを回して練って、密度を濃くしてから、遠くにいる相手に送る方法もあります。

すべては意図と信頼です。

人間以外の存在へのヒーリングもできます。具合の悪いペットや、植物にもヒーリングしてください。また、部屋や土地、地球そのものにも健やかさと全体性を送ることができます。**感謝の波動も深淵なヒーリング効果があります。感謝の波動も一緒に呼吸するとパワフルです。**

4・太陽と月——自然のサイクルと調和して生きる

レムリアの人々は、自然のサイクルと調和していました。季節や月の満ち欠けはそれぞれの波動がありますし、私たちの身体もまた自然と調和する波動を持っています。

いわゆる体内時計と言われますが、身体は時計を見なくても、だいたい24時間周期で、活性化したり鎮静化したりするリズムを持っていて、サーカディアンリズムと言われています。女性の生理の周期は月のリズムに合っています。

オステオパシーのボディワークの創始者は、ゆったりと満ちたりひいたりする、様ざまな生命のリズムの潮流を発見しました。そのリズムが整えば、身体もバランスがとれるのです。

現代では、24時間営業のお店があり、経済がグローバル化するにつれ、特に都会では自然のサイクルとはかけ離れた生活を送っています。これでは身体にストレスがたまるのは当たり前です。

古代の人々は、動植物と同様、自然のサイクルに従って生活をしていました。

冬至に生まれた太陽が、だんだん輝きを増し、夏に最も輝き、秋から冬にかけて、太陽が再び鎮まっていくプロセスは、一日のうちでも、日の出、南中、日没、そして夜とめぐるサイクルとも重なります。

ケルトに古代から伝わるカレンダーは、太陽と月をもとに、一年を八つの期間に分けて、それぞれの始まりを祝福しました。春分、夏至、秋分、冬至や、満月などが、大切な区切りだったのです。

一元の世界では、エネルギーを皆感知できるので、そういった区切りのときに、太陽のエネルギーそのものや、目に見えない存在たちに感謝をし、祈り→意乗りを捧げる祝祭が行われていました。

太陽は天照大御神そのもののエネルギーです。和の叡智にも、太陽への祈りの儀式は伝わっています。でも、本当にシンプルに、ただ、太陽エネルギーを身体にいっぱい受けて呼吸するだけでも、十分すぎるほど心身が活性化します。

太陽拝

① 手のひらをやわらかくしておでこ、第三の目の前に三角形を両手でつくり、太陽に向けます。この三角形の形は宝珠に似ているので、宝珠印とも

呼ばれます。

②太陽のあたたかさと光の神聖なエネルギーを三角形の間をとおして、第三の目と両目から吸い込みます。

③手のひらと、おでこと目からエネルギーが入ってきます。

④吐く息とともに、丹田から全身の細胞に光とあたたかさを満たしていきます。

簡単でしょう？　太陽エネルギーは生命エネルギーそのものなので、本当に元気になります。

それでは、月のエネルギーを使ったヒーリングをご紹介しましょう。

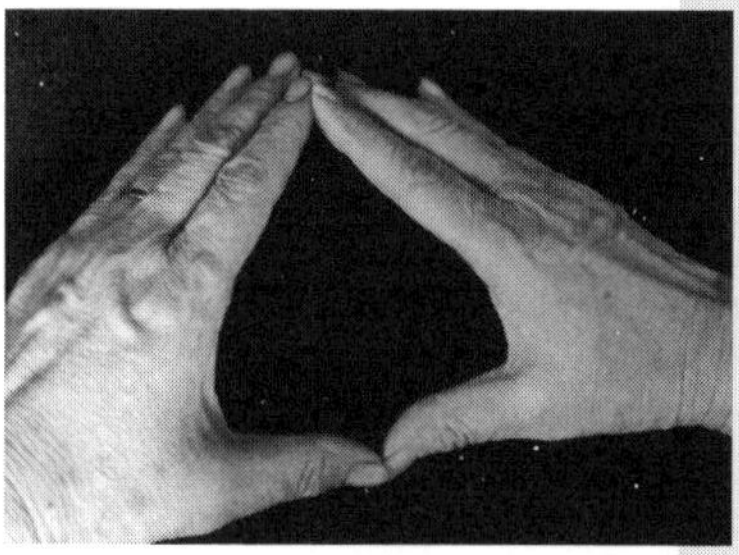

宝珠印

満月のヒーリング

月はその様相によって、太陽と同じく放射する波動が違います。それぞれの月のエネルギーを、現代でも使うことができます。完了の祈りもバランスを取り戻すヒーリング法も、もちろん実際に戸外や窓際で満月の光を浴びながらするとよいのですが、曇っていても、部屋の真ん中でも、満月のエネルギーは十分に満ちていますので問題ありません。

物事やエネルギーを完了させる

満月は完了のときであり、月のエネルギーが最も強くなるとき。**完了のときなので、何かをきちんと完了し終わらせるのにもよいタイミングです。**人間関係や仕事など、過去を完了させるときには、満月に意図を明確にして、今までの体験に感謝をし、意識の上で終わらせます。

「ありがとう、さようなら」と口に出すのもよいでしょう。そして満月に向かって、関係性や体験のエネルギーを解放します。

過去を癒し、完了させることは新しく選択の自由を得るためにとても大切なことです。

バランスを取り戻すヒーリング

心身のバランスを取り戻すヒーリングにも満月のエネルギーはパワーを発揮します。

準備としては、きれいな水を用意して、水を顔に軽く振りかけ、手を洗うとより気持ちも整います。

① 自分の聖地、またはユニティヒーリングのイメージを使い、脳波をゆったりとさせて自分の中心の意識に入ります。

② 健やかさのエネルギーで自分自身とエーテル体を満たしてください。相手

が全体性を享受することを意図します。
③目を閉じて、ヒーリングを送りたい人をイメージします。その人のイメージを健やかさと全体性のエネルギーとともに満月と重ねます（自分自身なら自分が満月と一体化する）。その人が満月の輝くエネルギーで包まれ、月のエネルギーが全身に降り注ぎます。あなたは、健やかさのエネルギーを保ち続けます。
④十分だと思ったら、その人のイメージを満月の祝福と健やかさのエネルギーとともに、本人へ返します。
⑤自分自身、感謝とともに満月のエネルギーを浴びて終了します。

レムリアの一元を知っている日本には季節を示す暦、二十四節気七十二候という、自然のサイクルに沿った区切りがあります。白露《はくろ》や霜降《そうこう》など、漢字の響きを感じただけでも、きっと私たちのDNAはほっと整うのではないでしょうか。

遊び心を持って、四季の豊かな日本で、二十四節気を意識して自然のリズムに沿った生活をしてみませんか。季節の行事を家族や友人たちと一緒に楽しみましょう。

お正月に、鏡餅《かがみもち》を飾ったり、五月の節句に菖蒲《しょうぶ》湯に入ったり、お月見におだんごを食べたり、冬至にカボチャを食べたりしてみるのです。行事には、海外由来のものもありますけれど、八百万の神々と関係するものもたくさんあります。行事のルーツを調べると結構おもしろいので、話が盛り上がること請け合いです。

5. 音と色のヒーリング――波動を使おう

レムリアもアトランティスも、一元の世界は波動やハーモニクスをすべてにおいて、利用していました。一元といっても、肉体に不具合が生じることも、脳の機能不全で問題が起きることもありました。また二元に移行する前は、成功と失敗や、競争の概念も生まれていました。

各チャクラと対応する音と色の図をもう一度掲載します。

ソルフェジオ周波数というものがあり、その周波数は直接各チャクラに共鳴しますので、こちらも加えておきます。

ユーチューブなどに、たくさん紹介されていますので、ぜひ調べてみてください。

DNAの修復や、第三の目を開く波動など、目的に応じて使ってみましょう。

これこそ、レムリアの一元の時代の技術の再来だと思います。


音階はハ長調です。LとRの発音の違いに気をつけましょう。Rは舌をどこにもつけずに発音します。

第1チャクラ　Lah　ド　赤　396Hz
第2チャクラ　Bah　レ　オレンジ　417Hz
第3チャクラ　Rah　ミ　黄色　528Hz
第4チャクラ　Yam　ファ　緑　639Hz

7つのチャクラ

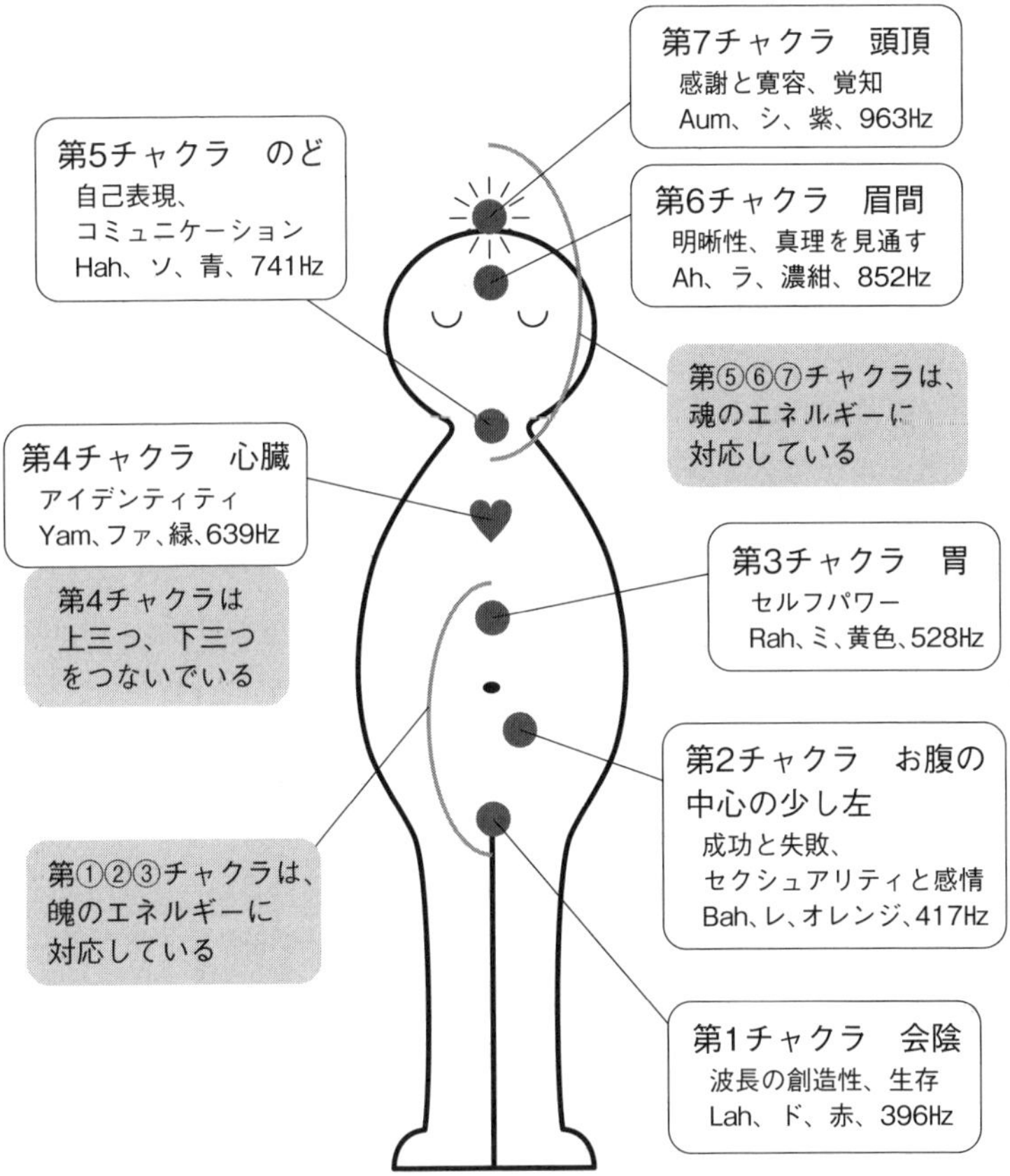
第7チャクラ　頭頂
感謝と寛容、覚知
Aum、シ、紫、963Hz
第5チャクラ　のど
自己表現、
コミュニケーション
Hah、ソ、青、741Hz
第6チャクラ　眉間
明晰性、真理を見通す
Ah、ラ、濃紺、852Hz
第⑤⑥⑦チャクラは、
魂のエネルギーに
対応している
第4チャクラ　心臓
アイデンティティ
Yam、ファ、緑、639Hz
第4チャクラは
上三つ、下三つ
をつないでいる
第3チャクラ　胃
セルフパワー
Rah、ミ、黄色、528Hz
第2チャクラ　お腹の
中心の少し左
成功と失敗、
セクシュアリティと感情
Bah、レ、オレンジ、417Hz
第①②③チャクラは、
魄のエネルギーに
対応している
第1チャクラ　会陰
波長の創造性、生存
Lah、ド、赤、396Hz

第5チャクラ	Hah	ソ	青	741Hz
第6チャクラ	Ah	ラ	濃紺	852Hz
第7チャクラ	Aum	シ	紫	963Hz

それでは、古代のヒーリングを現代に応用しましょう。それぞれのチャクラの場所に、対応する音やカラーのエネルギーを使います。エジプトには、かつての波動治療のあとが残っています。

滞っていたり、詰まり気味なチャクラに働きかけましょう。

音のヒーリング↓チャンティング（唱える）

体調を崩しているとき、自分が全体性を生きていないとき、私たちの出す声には、欠けた波動が生まれます。音はバイブレーションです。実際の細胞やエーテルを揺らすことで、滞りがとれてきます。

①　自分の聖地、またはユニティヒーリングのイメージを使い、脳波をゆったりとさせて、自分の中心の意識に入ります。
②　健やかさのエネルギーで自分自身とエーテル体を満たしてください。
③　働きかけたいチャクラを意識して、対応する音、例えば、Ｈａｈ（ハー）と唱えながら、喉を中心にその音を体に響かせます。音階を組み合わせて、Ｈａｈをハ長調のソで唱えるのもよいでしょう。

レムリアでは、決まったサウンドだけでなく、そのときに必要だと感じた音を出してヒーリングもしていました。エネルギーを感じて、そのあとヒーラーが出したい音を声にのせて出します。

ハミングのセルフヒーリング

ヒーラーが健やかさで自分を満たしながら、ハミングを使って必要な部分に共鳴させることもできます。

意図は全体性への共振です。ハミングをしながら、実際に自分の中に響かせてください。

そのチャクラや、調子の悪い部分があなたの健やかさのバイブレーションで実際に振動します。第三の目を開くためにも使えます。

その他の音のヒーリング

川の音、火がパチパチとはぜる音、波や雨の音などもバランスを取り戻してくれます。

音叉《おんさ》や、クリスタルボウル、チベッタンボウルのサウンドも、また脳波をゆったりとさせ、神人合一をうながします。大好きな音色で試してみてください。

目的に応じて、ソルフェジオ周波数を聴くのも効果的です。手術からの回復期に、眠るときに一晩中528ヘルツのソルフェジオを何日も聴いていたマスターもいます。

色のヒーリング→チャクラカラーを使う

基本は音と同じです。色の心理に与える影響も研究されていますが、暖色は活性化やグラウンディング、寒色は、気持ちを落ち着かせたり、高い次元と意識をつなげやすくします。

おばあちゃんの六本木といわれる巣鴨のとげぬき地蔵の商店街の人気アイテムは、真っ赤なパンツです。還暦のお祝いに身に着ける赤いちゃんちゃんこも、第一チャクラの色だなあと思うと納得です。一番大地に近い、生命そのものをクリエイトする第一チャクラのエネルギーですから！

日常でも、チャクラカラーを効果的に使いましょう。色彩心理学として、発達してきた部分でもあります。心を落ち着かせたいときは、緑のものを身に着けるとなんだかほっとしてきたり、少し落ち込んでいるときは、オレンジや黄色の暖色系の花を部屋に飾るなど、ぜひ生活の中に取り入れてくださいね。

古代エジプトのホルスを祀《まつ》る神殿には、足りないカラーの波動を充塡《じゅうてん》するための、それぞれ虹の七色のうちの一つのカラーの波動で満ちた小部屋がありました。色と音を一緒に使ったらさらにパワフルなヒーリングになります。

色を呼吸する――ヒーリング瞑想

色を使ったヒーリング瞑想は、音のヒーリングのように、チャクラごとに、対応する色を呼吸するだけです。第一チャクラなら、クリアな赤のエネルギーを第一チャクラから直接吸い込むイメージ。吐くときには、不要なものを呼吸とともに吐き出すとイメージします。

喉のチャクラを活性化したいときは、スカイブルーのエネルギーを直接吸い込みます。

もし全身を活性化するなら、第　から順番に、虹のように、バイオレットまで呼吸しましょう。光をすべて合わせると、白光になります。

さらに頭頂から、白やシルバー、そして、太陽のゴールドのエネルギーを受け取り流すと、全身のバランスがとれ、元気でクリアになります。

6．動きで癒す——楽しく無心に踊るレムリア式

心と身体が切り離せないように、スピリットとボディも切り離すことはできません。

物理的な肉体を動かす、つまり運動することは、氣の流れを活性化するとても大切な

方法です。

これが現代に伝わっているのが、気功や太極拳ですし、ヨガのアサナもここに含めてもいいでしょう。

この間ラジオ体操第一を思い出していたら、氣の流れを踏まえた動きがずいぶんあるなと思いました。例えば最初の動きと最後の深呼吸は氣をしっかり身体に取り入れると意識をすればいいですし、身体をねじる動きは、氣の柱の中心軸を動かして、バランスを取り戻せます。

古代の叡智に伝わる動きは、道教の氣を活性化する動きや、気功、神道の中に伝えられています。

最もシンプルなのは、気功のスワイショウと呼ばれる動きです。スワイショウのように前後、横に両手を振ってみましょう。

あとは、今はスピリットダンスとして実践していらっしゃる方も多いですが、レムリアの時代、祝祭には皆踊っていました。

天宇受売命《あめのうずめのみこと》が踊ったら、天照大御神が顔を出すのです。

楽しく、身体を思いっきり動かして無心に踊るのは、レムリア式。

大好きな音楽や、太鼓を聞きながら（ＣＤでもいいです！）身体が動きたいように、動かしてあげましょう。

一連の、ヨガや太極拳で決められた動きをするのではありません。身体そのものはすばらしい叡智を秘めているので、こちらが動かすのではなく、動きたい、表現したいエネルギーをそのまま表現します。汗をかいてください。身体も心もすっきりするはずです！

7. 儀式と祈り――エネルギーがシフトするときを祝福した

レムリアの儀式は、一年のサイクルごとに行われたり、特定の目的のために行われたりしました。ヒーリングのために、また人が成長するプロセスで、エネルギーがシフトするときを祝福し、大いなる創造と神々への祈りと祝福を捧げたのです。日本にも元服、還暦など、祝祭の名残が残っています。

現代の神社のお祭りも、街の人たちがお年寄りから子どもたちまで集まって、神様への感謝を捧げていますが、人々の気持ちも一つになります。

こんなふうに、レムリアの時代は、きっと皆祝祭が大好きだったのでしょう。祝祭のたびに、みんなが集まり、ともに歌い、踊り、笑い、つながりはさらに深くなっていきました。

レムリアの夏至の儀式

私が見たレムリアのときの夏至の儀式のヴィジョンをご紹介しましょう。もちろん太陽が祭祀の中心です。

陽と陰の合一は、全体性、創造そのものの波動を生み出します。

陽は火、陰は水です。

柱が円形に並んだ場所が祭祀場でした。儀式に参加する人たちは、白いものを身にまとっています。共同体の人たちも皆円形に柱の周りに集まっています。集まるときは手をつないで時計回りに回りながら集合し、儀式の終わりには反時計回りに、人の輪をほどいていきました。

祭祀場は、地脈のエネルギーの交差する場所や、高いところが選ばれているようです。円形の祭祀場の中央にあたるところに、小さな泉か池があります。夏至の日、その水鏡に昇ってきた太陽が光を落とし始めます。太陽が水鏡に映るのです。夏至の最強の太陽のパワーが水のエネルギーと一つになって天と地が一つになります。

祭祀を行う人は、聖職者かシャーマンのような役割を担っていた人たち。白い衣の女性シャーマンがひざまずき、太陽が映った水鏡の前で太陽と自分たちへの祝福と祈りを捧げていました。それから天地合一のシンボルであるその水を、シャーマンは一口、口に含みました。それから手でその水をすくって顔にかけ、手を美しく動かして、そのエネルギーで自身を満たしました。水鏡の水をたたえた器は、参加者全員に回され、人々もその水に直接手で触れることができました。

それから、祭祀場を中心とした広場で、歌ったり踊ったりして、太陽と天と大地を祝福しました。

夏至のお祭りは、今でも世界中のいろいろなところでその名残を体験できます。何しろ地上のすべては太陽エネルギーでできているのですから。

北欧など北半球では、夏至を大々的に祝います。諏訪大社の御柱《おんばしら》のように、柱は天地をつなぐエネルギーの象徴です。北ヨーロッパの国々では、高い柱をたて、豊かな収穫と健康、そして、子孫繁栄を祈ります。

皆さんも夏至の日に、太陽を思いっきり浴びながら聖水にその太陽エネルギーを転写し、クリアな祈りとともに飲んでみましょう。シンプルな夏至のマイ儀式、きっと楽しいですよ。

第四章

古神道実践編

和の叡智のバランスをもたらす方法

古神道や修験道に色濃く残る、和の古代の叡智をご紹介しましょう。皆さんがご自宅でできるもの、シンプルなものを選んでみました。エッセンスを取り入れて、現代に使えるような形にしています。

どの方法も、魂魄《こんぱく》合一、魂のエネルギーと身体のエネルギーが一つに統合されることが究極の目的です。そういう意味で、ここでお伝えするすべてが「祓ひ」であり、鎮魂の行であるとも言えます。

また古神道には「まじなひ」と言って、日常でできる簡単な方法もたくさん伝わっています。そのあたりも、日常で使えるものを選んでみました。

古神道の伝法に関しては、私の師から直接伝授されたもので、一般公開も許可されたものです。

1．禊ぎと祓ひ　清めの力

古神道に伝わる和の叡智の根本は禊ぎと祓ひです。清めには外清浄と内清浄があり、滝などに打たれる外からの浄化は外清浄、呼吸による体内からの浄化は内清浄と分類されます。ひふみ祝詞のひふみという音は、火、風、水を表しています。

ひふみの「祓ひ」「張る霊」を体験してみましょう。まずは呼吸が基本の行になるので、風の祓ひからです。

呼吸法　風の祓ひ　古代の息《い》吹《ぶ》き

生命エネルギーの活性化をはかる古神道に伝わる基本の呼吸法です。風のエネルギーで心身を祓ひます。

息＝「イ（神気）」と「キ（地気）」＝命気（イキ）＝生きです。

息吹永世《なかよ》の呼吸法：丹田呼吸法

長い息は長生きとされ、この呼吸法を毎日実践するだけで、長生きしたという人たちの話がたくさん伝わっています。古事記に出てくる武内宿禰《たけのうちのすくね》もその一人です。生命エネルギーそのものを身体に意識して取り入れるわけですから、細胞活性化、若返りに効果ありは間違いなし！

基本は、腹式呼吸で、鼻から吸って口から細く長くゆるゆると息を吐く方法で、吸うときも吐くときも、あまり音を立てずに静かに行います。

① 息を吐ききったあと、鼻から息を吸い、口をすぼめてできるだけゆっくりと細く長く吐く。肺全部を使って、腹式で呼吸します。

② イメージとしては、皮膚呼吸をする感覚で、純粋な生命エネルギー、ご神

気を全身から取り入れ、丹田に吸い込みます。

③息を吐くときには、口から全身の「氣枯れ（ストレス）」を吐き出して、天地心身を清める形で行います。これは浄化のイメージ。

④活性化のときには、丹田の生命エネルギーで全身の細胞を満たします。このとき、息を吸って、しばらく止めて、「氣」を増幅させてから、吐くとより効果的です。

火水の呼吸法

基本は腹式呼吸です。鼻から吸って鼻から吐きます。

火は「ひ」であり、霊（ひ）です。水は「み」であり身（み）です。陰と陽、肉体と魂をつなぐ呼吸法です。火と水で神、「かみ」になります。

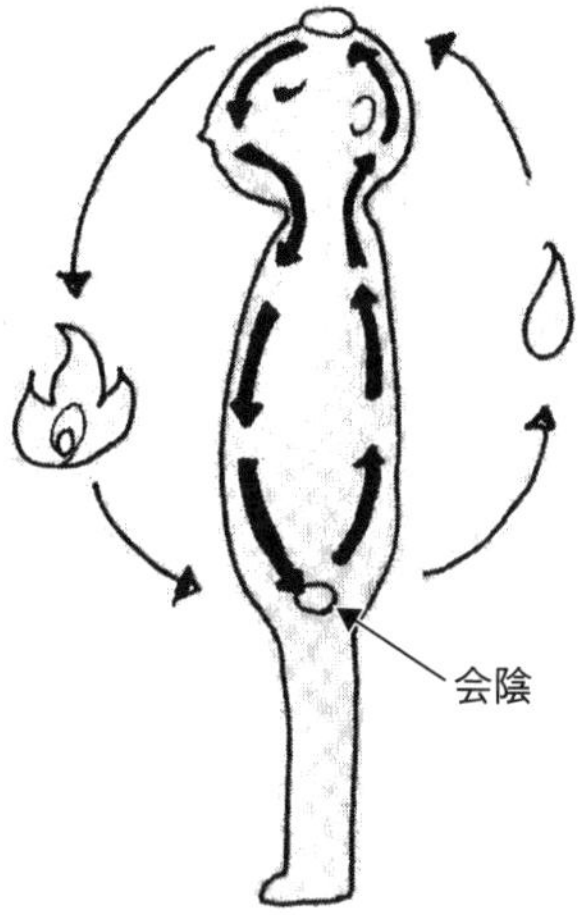

①息を吸うとき、水のエネルギーが会陰（性器と肛門の間あたり）から背骨をとおって頭頂まで上がっていくのをイメージします。大地からの陰のエネルギーです。

②息を吐くとき、頭頂から火のエネルギーが、上から前面、顔から胸、お腹をとおって、会陰から吐き切ります。天からの陽のエネルギーです。

③これを7回ほど繰り返します。

④最後に吐くときは、会陰ではなく丹田に「氣」をおさめます。

⑤このとき、舌の先を、上顎の少し歯の裏より少し奥につけてください。

水の祓ひ　禊ぎ

神社に参拝するときは、御手水《おちょうず》で手を洗い、口をすすいで、神様にお目にかかる前に心身を清めます。水は手近に用意することができ、お清めに最も活躍します。玄関に水を打つ「打ち水」も立派な「水祓ひ」です。

禊ぎは、実際に指導者のもと、禊衣を着て、作法にのっとって行います。私は、伊勢神宮の五十鈴《いすず》川と東吉野の丹生《にう》川上神社で禊ぎ、椿大神社、湯殿山では滝行を体験しましたが、それは言葉では表せないほどの、インパクトのある体験です。要らないものがそぎ落とされて、新しい扉が開く感じ。気温が1度の真冬1月の五十鈴川で、水につかったときは、五感が消えたような、実にクリアな状態になりました。あの澄み渡った感覚は忘れられません。

水に入る前、声を出しながら天《あま》の鳥船《とりふね》と呼ばれる行や振魂《ふりたま》の行をすることで、どんどん身体が活性化していきます。身体の準備ができてこそ、神秘の次元が大きく開くのだと実感しました。

調べるといろいろなところで禊ぎや滝行を体験できますが、日常でも禊ぎのエッセンスを取り入れて、「水の祓ひ」を毎日実践しましょう。

洗顔やシャワーで身削ぐ水の祓ひ

エネルギーは明確な意図に従います。ですから、毎朝の洗顔や手洗いを「禊ぐ」という意図を持って集中して行いましょう。書くと長くなりますが、最初の手順、1分ほどでできます。シャワーも滝行化しちゃいましょう！

① 毎朝顔を洗う前に、意識的に呼吸をしながら、この水で心身を浄化して森羅万象とつながることを意図します。

② できるだけ冷たい水で、顔を洗い、手を洗い、口をすすぎます。神社の御

手水のイメージで。

③　できれば石鹸を使う前にさっと行い、そのあと石鹸を使いますが、普通に手を洗うとき、あるいはシャワーを浴びながら、不要なものを洗い流すと意図すれば、エネルギーはまったく違ってきます！

頑張って、シャワーのあと、一瞬でも冷たい水を浴びるなど、ご自分で実験してみてください。

清明水で祓う↓パワフルな浄化の水

直接身体や場所に振りかけることで、すぐに浄化できる水です。
水に塩とお酒を加えてつくります。

清明水のつくり方

水４／酒１／塩１

だいたい右の割合で、お酒の入った塩水をつくります。

お塩の分量は、なめてみて海水ぐらいの塩辛さ。かなり辛く感じます。

海から生まれた私たちの身体には、海水が効くのです。伊勢では、まず二見ヶ浦の海で禊ぎを行ってから参拝するのが本来のお参りの仕方と言われています。

お水は普通のペットボトルのものでも大丈夫ですが、神社でご神水をいただくとさらに神様のエネルギーがいただけるでしょう。

祓うときは左右左

清明水で浄化するときは、榊《さかき》の葉っぱや、ないときは、未使用の割りばしも使えます。

① 自祓ひと他祓ひ、両方とも　さ、う、さ「左、右、左」と振りかけます。
これは神社で神主さんが幣《ぬさ》で祓うときと同じです。何か道具を使って祓う

ときには、常にこのやり方で行いましょう。

②相手を祓うときは、向かい合って左右左、つまり相手の右肩からスタートです。自分に対して行うときも、自分の左肩から左右左と振りかけてください。

③場所を浄化するときも同じです。祓ひながら、神火清明《しんかせいめい》と微音で唱えながら行ってください。

火の祓ひ

火は太陽そのもの。太陽のエネルギーを吸い込むことが、即、火の祓ひです。

地球上のすべては、太陽のエネルギーでできています。意識して、太陽の生命エネルギーを手や全身から呼吸するだけでも、すばらしい効果があります。

教派神道の一つである黒住教の黒住宗忠《くろずみむねただ》（１７８０～１８５０年）は、死を覚悟する病に倒れましたが、毎朝、昇る太陽をゴクンと飲み込むことで、神人合一を果たし、すっかり元気を取り戻しました。

太陽は毎朝昇ります。雨の日も、曇りの日も、太陽のエネルギーは地上に豊かに降り注いでいます。ですから、太陽が出ていないときでも、行えますが、事情が許さないときは、ろうそくを太陽の火の象徴として使うことができます。

火打石での火の祓ひ

伝統的に切り火といって、火打石を使った火の祓ひは昔から日常において行われてきました。

① 火打石を、清明水の祓ひと同様、左右左と肩のあたりで打ちましょう。
② このとき「神火清明《しんかせいめい》」と微音で唱えてください。

日（火）の祓ひ　日拝行《にっぱいぎょう》

日の出のときの太陽のエネルギーは一番強烈です。東を向いて日の出とともに行えれば理想的です。

①　太陽の方向に向かいゆったりと気持ちを整えます。天照大御神のご神気とめぐみにつながることを意図しましょう。
②　二拝二拍手。
③　両手を、親指を後ろに、残り４本を前にして、腰にあてます。
④　静かに鼻から息を吸い込み、口から細く長く静かに吐いて息吹永世を行います。
⑤　太陽のエネルギー全身から丹田に吸い込むイメージで。
⑥　18回以上繰り返します。
⑦　終わったら二拍手二拝しましょう。

言霊による祓ひ

祝詞による祓ひは詳しくは183ページ「3.言霊　祝詞の力」をご覧ください。

この清明神咒《きよめのかじり》はシンプルでどんなときにでも使える浄化の言霊です。場所の浄化や自祓ひ、他祓ひ、すべてに使えます。

微音で周囲にあまり聞こえない程度の声で唱えます。

3回をセットにして、6回、9回と唱えましょう。

清明神咒《きよめのかじり》

神《しん》火《か》清明《せいめい》

神水清明《しんすいせいめい》

祓ひたまへ
清めたまへ

その他の祓ひ→身体や場所を浄化します

音祓ひ　柏手、鈴を鳴らす鈴祓ひなど。一瞬で浄化します。
香祓ひ　お線香やセージをたく。
米祓ひ　お米をまきます。
塩祓ひ　お塩をまきます。塩の浄化力は土俵で力士も使っています。

2．鎮魂法

鎮魂という言葉は、遊離している魂を丹田に鎮める方法だとお伝えしました。**魂魄《こんぱく》**

の合一を強化し、加速するのが鎮魂法です。ある意味、本書に取り上げた行はすべて、鎮魂法と言えます。禊も祓ひも、大きなくくりでは鎮魂です。

印による鎮魂

手は宇宙の相似形と言われ、左手右手、そして10本の指には、各々別のエネルギーが流れています。印を組むことで、特定の目的に沿ったエネルギーを身体とオーラに流すことができます。古神道では「形霊《かたたま》」と呼ばれる所以《ゆえん》です。

鎮魂印

文字通り、鎮魂を促す印です。私はこの印を組むだけで、ざわざわした焦る気持ちがいつもすっと鎮まります。

左手の小指を下にして、両手を背中合わせに組み合わせ、人差し指は立てて、親指は左手を上に重ね合わせます。

組みはじめの形

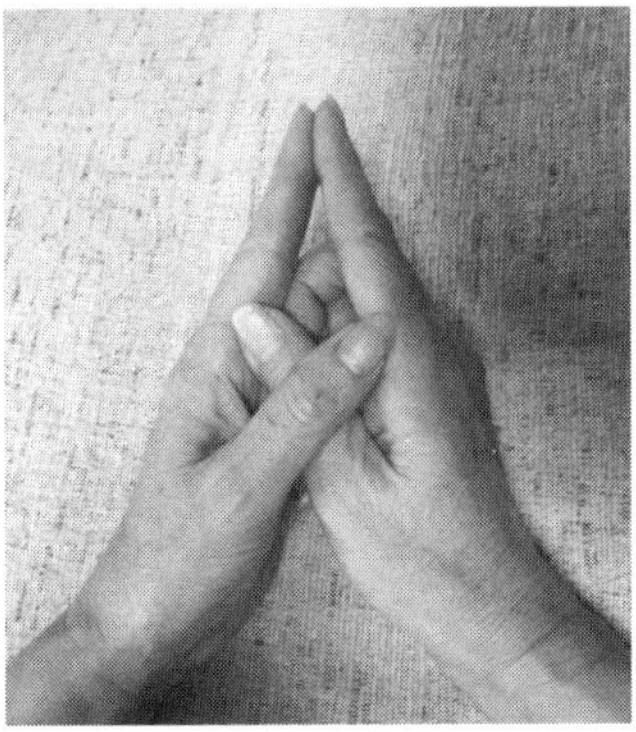
鎮魂印

人差し指がアンテナになるので、胸の前で、指先がちゃんと天を指しているように組みます。肘をはると組みやすいです。

鎮魂印の瞑想

①　背筋をのばし、この印を組んで、目を閉じてゆっくり座りましょう。

②　息吹永世の呼吸を始めます。鼻から吸って、口からゆるゆると細く長く静かに吐きます。

③　丹田をご神気で満たします。

④　祝詞のところでもご紹介する数霊「ひふみよいむなやこと」を、数を数えるように頭の中で唱えてもよい

でしょう。雑念が湧きにくくなります。

楽に気持ちが鎮まっていきませんか？

太陽拝の鎮魂法（本田流秘伝）水晶を使い鎮魂する方法

できれば日の出に東を向いて行います。太陽が出ていなくても、日の出の時間に行いましょう。

①　丸い水晶を一つ用意して、清めておきます。

②　火の祓ひの、日拝行を行います。腰に手をあて、息吹永世の呼吸法で太陽のエネルギーを全身から丹田に吸い込みます。

③　この呼吸を18回行って最後は丹田にご神気をおさめます。

④　そのあと、左手に清めた水晶をのせて右手を下に重ねて、丹田の前に置きます。

⑤ 水晶を見て数回呼吸したあと、目を閉じて心眼で水晶を感じます。15分から30分ぐらいが適切です。

水晶をとおして、丹田にエネルギーが集まります。水晶が鎮魂石となるわけです。実際の水晶がなければ、両手を重ねた上に、太陽のエネルギーの珠をリアルに感じてみてください。意識のいくところにエネルギーは流れます。

3．言霊　祝詞の力／古代から祈りの言葉として伝えられてきた

日本は言霊の幸《さきわ》う国。言葉の持つパワーを、集合意識で理解しています。私たちは自然に、「忌み言葉」に触れながら生活をしています。

忌み言葉を調べてみると、とてもおもしろいです。結婚式では「切る」を言っては

いけないとか、入学試験を受ける人には「すべる」を言わないようにします。
ギャンブラーはイカを「するめ」と言わずに「あたりめ」と呼んだり、葦は「あし」だったのですが、悪《あ》しに通じるとして、「よし」と呼ぶようになったとか。

お正月のおせちも言葉遊びのようで楽しい！　こぶは「よろコブ」に通じ、黒まめは「まめまめしく働けるように」との意味があります。集合意識が合意しているので、ますますその言葉が生み出すエネルギーは大きくなります。

言霊を深いところで理解しているうえに、日本語は、唯一、天地にあまねく意識の波動との共鳴を失っていない言語なので、日本語を聞き、話していくと、自然に、神人合一状態に近づいていくと言われています。言霊学という古い体系があり、「いろは」一音一音の波動は、多元的な響きと意味を持つことが示されています。まるで、一音ごとに神が宿っているかのようです。
あいうえおの母音は「天の響き」、かきくけこ以降の子音は「大地の響き」です。

日本語を話す私たちは、ラッキー！

そして多元的な音が組み合わされた、**言霊の数々は、祝詞という形やまじなひに使われる祈りの言葉として、今に伝えられてきました。**

第二章でご紹介した、六根清浄大祓、祓詞《はらへことば》は代表的な祝詞です。

祝詞の正式な唱え方を知っておきましょう。

まず、言霊はレムリアの時代から、エーテルの世界に真っ直ぐ、矢のように届き響くように、**抑揚をつけず、モノトーンで、一字一句はっきりと発音します。**

また、歴史的かなづかいのとおりに「祓ひ」は「はらひ」と発音しますが、心で意識しておけば実際に口に出したときに発音が少し変化しても大丈夫。

祝詞の唱えかた

祝詞は神棚の前、神社の拝殿、あるいは自然の中など、どこで唱えてもかまいません。

正式に唱えるときは、次のようにしましょう。

※ 呼吸を整え、中心の意識に入ります。

※ 15度に軽く頭を下げます。

※ 左、右、左と3歩で祭壇の前に進みます。

※ 45度の礼を一度

※ 90度の拝を二度　背中を曲げないように、すっと身体を折りましょう。

※ 二拍手

※ 祝詞奏上

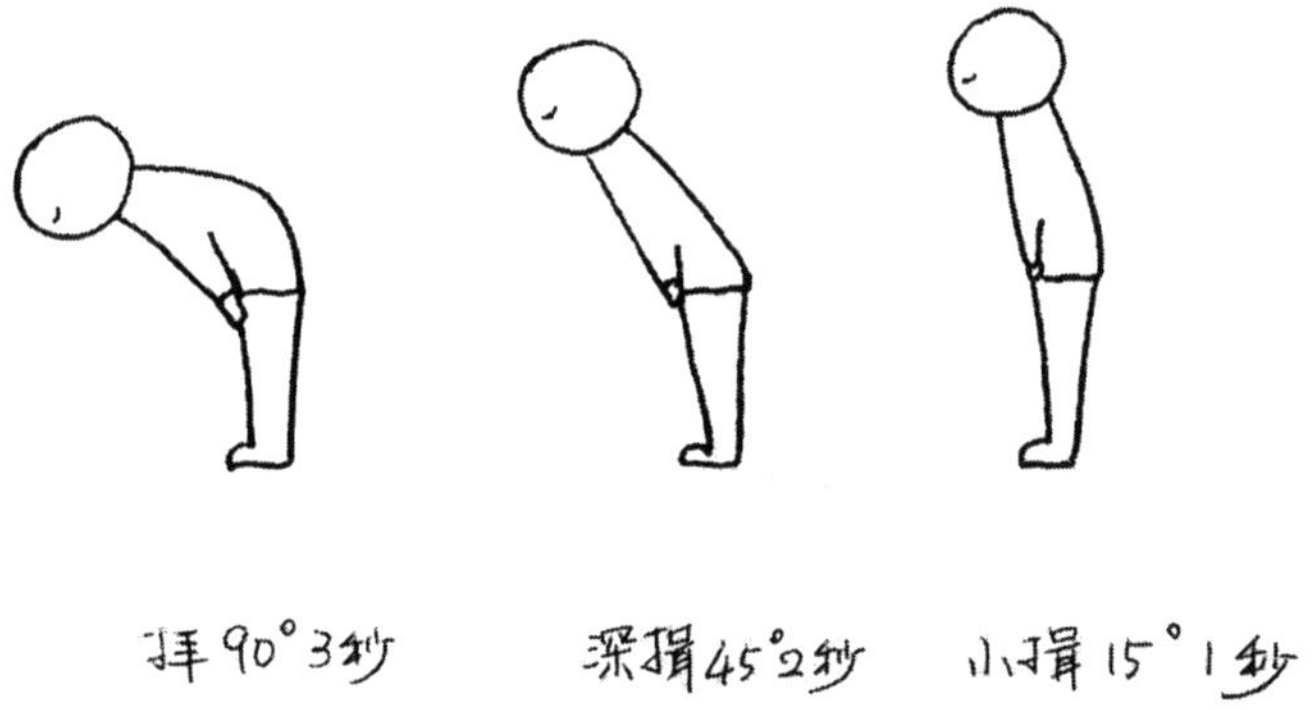

※　二拍手
※　90度の拝を二度
※　45度の礼を一度
※　右足から右、左、右と3歩下がります。
※　15度の礼を一度

以上です。

柏手はビッグバンの音

左手の「ひ」は火で、右手の「み」は水です。左手と右手を合わせる合掌の形は、天地の合一！

左手と右手がピタッと合っている状態は天之御中主神、一元の状態を表します。

柏手を打つとき、右手の中指を左手の第二関節までずらします。ここで陰陽が生まれます。

天之御中主神から高御産巣日神と神産巣日神の二柱が生まれたように。

大きな音を立てなくてもかまいませんが、確実に天地ビッグバンのエネルギーとつながってください。

大祓祝詞

1300年以上、連綿と唱えられてきた大祓祝詞は、「異心《いごころ》」を祓う最強言霊の一つです。

宮中で全国の神社で、そして個人が、今までにのべ何万回、何億回も唱え続けてきました。6月30日と12月31日の2回、全国の神社では大祓のご神事が行われ、茅の輪をくぐって、半年の間に溜まった、ツミケガレを祓います。

もし一つだけ日常で祝詞を唱えるとしたら、大祓祝詞をおすすめします。

大祓祝詞の内容は二つの部分に分かれます。前半が、邇邇芸命《ににぎのみこと》が高天から使命を受けて、豊葦原の瑞穂の国を治められたけれど、そこで人々にツミケガレが生まれたので、「天つ祝詞の太祝詞」という祝詞が唱えられたことが書かれています。

後半は、天津神と国津神がその祈りである祝詞を聞かれ、祓戸大神《はらえどのおおかみ》の四柱の神々（瀬織津比賣《せおりつひめ》、速開都比賣《はやあきつひめ》、氣吹戸主《いぶきどぬし》、速佐須良比賣《はやさすらひめ》）が、私たちのツミケガレを海から根の国（黄泉の国）に吹き飛ばし、すべてをクリアにしてくださったことが書かれています

もう私たちのツミケガレが一切なくなりましたと、言葉に出して宣言しているわけです。現実化の基本的なやり方です。

大祓祝詞を唱えるだけで、自らのエネルギーが変化し、ひいては周りも自然に変化を起こします。

大祓祝詞を唱えたら、人のご縁がどんどん広がったとか、祝詞を聞いていた人の体調が驚くほど改善されたとか、体験談は山ほどあります。

この祝詞は、その人にとっての最適な状態をもたらす言霊と言われます。

具体的に特定の願いをかなえようと唱えるのではなく、ただ無心に、心を込めて、

できれば毎日唱えましょう。
いつのまにか、人生が楽になっているのに気づきます。

ここでは、神社本庁で唱えられている大祓祝詞をご紹介します。

大祓詞《おほはらへのことば》

高天原《たかまのはら》に神留《かむづま》り坐《ま》す　皇親神漏岐《すめらがむつかむろぎ》　神漏美《かむろみ》の命《みこと》以ちて　八百萬神等《やほよろづのかみたち》を神集《かむつど》へに集《つど》へ賜《たま》ひ　神議《かむはか》りに議《はか》り賜《たま》ひて　我《あ》が皇御孫命《すめみまのみこと》は　豊葦原水穂國《とよあしはらのみづほのくに》を　安國《やすくに》と平《たひ》らけく知《し》ろし食《め》せと　事依《ことよ》さし奉《まつ》りき　此《か》く依《よ》さし奉《まつ》りし國中《くぬち》に　荒振《あらぶ》る神《かみ》等《たち》をば　神問《かむと》はしに問《と》はし賜《たま》ひ　神掃《かむはら》ひに掃《はら》ひ賜《たま》ひて　語問《ことと》ひし磐根《いはね》　樹根立《きねたち》草《くさ》の片葉《かきは》をも語止《ことや》めて　天《あめ》の磐座放《いはくらはな》ち　天《あめ》の八重雲《やへぐも》を　伊頭《いづ》の千別《ちわ》きに千別《ちわ》きて

天降《あまくだ》し依《よ》さし奉《まつ》りき　此《か》く依《よ》さし奉《まつ》りし四方《よも》の國中《くになか》と　大倭日高見國《おほやまとひだかみのくに》を安國《やすくに》と定《さだ》め奉《まつ》りて　下《した》つ磐根《いはね》に宮柱《みやばしら》太敷《ふとし》き立《た》て　高天原《たかまのはら》に千木《ちぎ》高知《たかし》りて　皇御孫命《すめみまのみこと》の瑞《みづ》の御殿《みあらか》仕《つか》へ奉《まつ》りて　天《あめ》の御蔭《みかげ》　日《ひ》の御蔭《みかげ》と隠《かく》り坐《ま》して　安國《やすくに》と平《たひら》けく知《し》ろし食《め》さむ國中《くぬち》に成《な》り出《い》でむ天《あめ》の益人等《ますひとら》が　過《あやま》ち犯《をか》しけむ種種《くさぐさ》の罪事《つみごと》は　天《あま》つ罪《つみ》　國《くに》つ罪《つみ》　許許太久《ここだく》の罪《つみ》出《い》でむ　此《か》く出《い》でば　天《あま》つ宮事《みやごと》以《も》ちて　天《あま》つ金木《かなぎ》を本《もと》打《う》ち切《き》り末《すゑ》打《う》ち断《た》ちて　千座《ちくら》の置座《おきくら》に置《お》き足《た》らはして　天《あま》つ菅麻《すがそ》を本刈《もとか》り断《た》ち　末刈《すゑか》り切《き》りて　八針《やはり》に取《と》り辟《さ》きて　天《あま》つ祝詞《のりと》の太祝詞事《ふとのりとごと》を宣《の》れ

此《か》く宣《の》らば　天《あま》つ神《かみ》は天《あめ》の磐門《いはと》を押《お》し披《ひら》きて　天《あめ》の八重雲《やへぐも》を伊頭《いづ》の千別《ちわ》きに千別《ちわ》きて　聞《き》こし食《め》さむ　國《くに》つ神《かみ》は高山《たかやま》の末《すゑ》　短山《ひきやま》の末《すゑ》に上《のぼ》り坐《ま》して　高山《たかやま》の伊褒理《いほり》短山《ひきやま》の伊褒理《いほり》を掻《か》き別《わ》けて聞《き》こし食《め》さむ　此《か》く聞《き》こし食《め》してば　罪《つみ》と云《い》ふ罪《つみ》は在《あ》らじと　科戸《しなど》の風《かぜ》の天《あめ》の八重雲《やへぐも》を吹《ふ》き放《はな》つ事《こと》の如《ごと》く　朝《あした》の御霧《みぎり》　夕《ゆふべ》の御霧《みぎり》を　朝《あさ》風《かぜ》　夕風《ゆふかぜ》の吹《ふ》き拂《はら》ふ事《こと》の如《ごと》く　大津邊《おほつべ》に居《を》る大船《おほふね》を　舳解《へと》き放《はな》ち　艫解《ともと》き放《はな》ちて大海原《おほうなばら》に押《お》し放《はな》つ事《こと》の如《ごと》く　彼方《をちかた》の繁木《しげき》が本《もと》を　焼鎌《やきがま》の敏鎌《とがま》以《も》ちて　打《う》ち掃《はら》ふ事《こと》

の如《ごと》く　遺《のこ》る罪《つみ》は在《あ》らじと　祓《はら》へ給《たま》ひ清《きよ》め給《たま》ふ事《こと》を　高山《たかやま》の末《すゑ》　短山《ひきやま》の末《すゑ》より
佐久那太理《さくなだり》に落《お》ち多岐《たぎ》つ　速川《はやかは》の瀬《せ》に坐《ま》す瀬織津比賣《せをりつひめ》と云《い》ふ神《かみ》　大海原《おほうなばら》に持《も》ち出《い》
でなむ
此《か》く持《も》ち出《い》で往《い》なば　荒潮《あらしほ》の潮《しほ》の八百道《やほぢ》の八潮道《やしほぢ》の潮《しお》の八百會《やほあひ》に坐《ま》す速開都比賣《はやあきつひめ》
と云《い》ふ神《かみ》　持《も》ち加加呑《かかの》みてむ　此《か》く加加呑《かかの》みてば　氣吹戸《いぶきど》に坐《ま》す氣吹戸主《いぶきどぬし》と云《い》ふ
神《かみ》　根國《ねのくに》　底國《そこのくに》に氣吹《いぶ》き放《はな》ちてむ　此《か》く氣吹《いぶ》き放《はな》ちてば　根國《ねのくに》　底國《そこのくに》に坐《ま》す速《はや》
佐須良比賣《さすらひめ》と云《い》ふ神《かみ》　持《も》ち佐須良《さすら》ひ失《うしな》ひてむ　此《か》く佐須良《さすら》ひ失《うしな》ひてば　罪《つみ》と云《い》ふ
罪《つみ》は在《あ》らじと　祓《はら》へ給《たま》ひ清《きよ》め給《たま》ふ事《こと》を　天《あま》つ神《かみ》　國《くに》つ神《かみ》　八百萬《やほよろづの》神等《かみたち》共《とも》に　聞《き》
こし食《め》せと白《まを》す

神拝詞（神社本庁蔵版より）

天津祓《あまつはらひ》のご神言

吐普加身依身多女（トホカミエミタメ）

三種大祓の最初に天津祓として伝わるこの8音には、神秘的な力が宿っています。意味は、「遠き神恵みたまへ」、あるいは「遠き神、笑みたまへ」などと言われていますが、大いなる天之御中主神そのものから来るパワーそのものが、音に宿っているのだと思います。意味を考えるとついつい思考に偏りがち。何も考えず、ひたすら音に集中して唱えてください。

十言神咒《とことのかじり》　どんな意図も達成する、最高最強の呪術

私たちの直霊が、太陽神、天照大御神のエネルギーそのものと合体する言霊で、私の古神道の師は、どんな意図も達成する、最高最強の呪術と言っています。

十言というのは、十の音。つまり「あまてらすおほみかみ」というご神名の10文字のことです。オオミカミではなくオホミカミと発音してください。

神界から伝わる天乃咲手印《あめのさきていん》を組んで唱えます。天乃咲手印は神人合一印とも呼ばれ、魂魄合一《こんぱくごういつ》を促進します。

普通の合掌をしたあと指の先を少しずらします。空海もこの印を用いました。

十言神咒（とことのかじり）

天の息（あめのおき）地の息（つちのおき）
天の比禮（あめのひれ）地の比禮（つちのひれ）
天照大御神（あまてらすおほみかみ）

① 天乃咲手印を組む
② 二拝二拍手
③ 右の祝詞奏上　最初の1行は祓ひで、自分だけではなく全宇宙を祓う気持

ちで。

その次の1行「天の息（あめのおき）」はご神気を注ぎながら、優しく撫で祓う気持ちで唱えます。

④最後の行は、あ〜ま〜て〜ら〜す〜お〜ほ〜み〜か〜み〜、とゆっくりのばして、10回繰り返します（基本は10回ですが、それ以上でもOKです）。

⑤3回は声に出して唱え、そのあと心の内で唱えてもかまいません。

⑥二拍手二拝

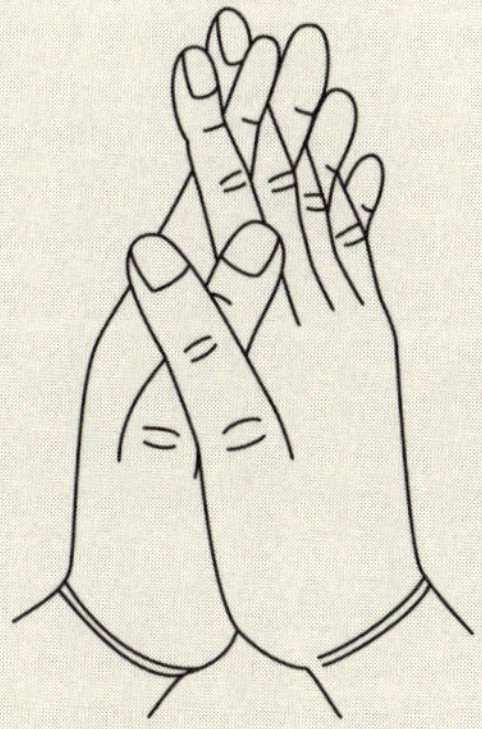

鎮魂、願望実現、病気治癒などを速やかに強力にサポートしてくれる言霊です。

布瑠部神言（ひふみ神言《かむごと》）ヒーリングに強力なパワーを発揮する言霊

布瑠部神言（ふるへのかむごと）

一《ひと》二《ふた》三《み》四《よ》五《いつ》六《むゆ》七《なな》八《や》九《ここの》十《たり》　百《もも》千《ち》萬《よろづ》　布瑠部《ふるへ》　由良由良止布瑠部《ゆらゆらとふるへ》

饒速日命《にぎはやひのみこと》が天照大御神より十種神寶《とくさのかんだから》をさずかって天下りされ、この神咒を唱えながら十種神寶をゆらゆらと振り動かせば、死んだ人でさえ生き返ると旧事本紀《くじほんぎ》に書かれています。また天鈿女命《あめのうずめのみこと》が神憑りになって踊ったときに、唱えたのもこの言霊であったとも伝えられています。

布瑠は振るに通じ、振動が健康のもとであることも示唆《しさ》しています。

自分や人がパワーを回復したいとき、具合が悪いときには、この祝詞が大変効果がありります。

これは単純に数を数えているわけではありません。
ひふみよいむなやこと、の10音に、天地生成のすべてが含まれています。

ひ　霊の本質　火であり日
ふ　見えないものから見えるものへの生成　風
み　霊の実体　水　身
よ　世にみちる天地の生成　土
い　出る（いづる）　いのちの本源
む　産び　燃える　むすばれる生命
な　成る　成長
や　弥栄　繁栄

こ　凝りかたまり形となる
と　止まる　完成

はじめの「ひ」と最後の「と」で、「ひと」となっています。
ここにも、私たち人間という存在がいかに広大なのが表れています。

清明神咒《きよめのかじり》　パワフルな浄化の言霊

祓ひのところでもご紹介した浄化の祝詞です。シンプルですがパワフル！
浄化をしたいとき、何か目標を定めて行動を起こすときなど、火の浄化と水の浄化の言霊パワーをぜひ体験してください。ご自分で儀式を行うときに、98ページ（禊ぎと祓ひの項）の禊祓詞《みそぎはらひのことば》の代わりに使うことができます。

3回をセットにして、6回、9回と微音で奏上します。

清明神咒《きよめのかじり》
神《しん》火《か》清明《せいめい》

神水《しんすい》清明《せいめい》
祓ひたまへ
清めたまへ

4．振魂の行　身体を動かす！

身体を実際に動かしたり、揺らしたりすることで、氣を流して神人合一をうながします。

魂《たま》振《ふ》りとも呼ばれ、古神道の諸宗派には様々な行が伝わっています。

身体を無心に動かすことで、いちいち「あのときのあのトラウマのエネルギー」と意識することなく、身体から滞《とどこお》りが落ちていくのでシンプルかつ効果的。ずぶぬれになった犬が、ブルブルッと水を振り落とすイメージです！

奈良市にある石上神宮《いそのかみじんぐう》には、古くから天の鳥船の行が伝わって、五十鈴川や吉野の高見川で禊ぎをしたとき、天の鳥船を行ってから水に入ります。天の鳥船に続き、振魂の行をしながら水に入っていくのですが、どんどん身体が活性化して、水の冷たさが気持ちよく思えてきました。

この振魂行は、本当に身体が活性化します。まずは最も簡単な魂振りです。

魂振り（石上神宮系）

祓戸大神《はらえどのおおかみ》の魂振り

① 丹田の前で左手を下に、右手を上からかぶせるようにして両手を組みます。
② 祓戸大神《はらえどのおおかみ》と唱えながら激しく手を上下に振ります。

祓戸大神たちは、記紀には登場しないのですが、大祓祝詞で罪穢れを消してくださる、瀬織津比賣、速開都比賣、氣吹戸主、速佐須良比賣の四柱のことです。

この四柱が私たちの不安や滞りを消してくれます。
少なくとも、冷たい川の水が平気になる力が湧いてくるのは確かです。

霊動法

印を組んで力を入れると、自然に身体が動き出す方法です。野口整体の活元も、大もとは和の叡智からだと言われています。原理は同じです。

①　目を閉じて両手を伸ばしたあと、胸の前10センチぐらいのところで合掌します。
②　手の平が反り返るくらいに手の平に力を入れてください。
③　両の手の平が振動するとイメージします。すぐに微動を感じる人もいます。
　　左右の中指の付け根あたりに集中すると振動を起こしやすくなります。
④　深呼吸を3度したあと、4度目は丹田に息を吸い込んだあと息を止めます。
⑤　両手と丹田に力を込めますが、両手が動き始めたら自然呼吸に戻しましょ

う。

⑥ だんだん手の動きが大きくなってきて、前後や上下、左右に振動して動きます。身体ごと動く人もいます。自然に身体が動きたいように動かします。

私たちの身体はすでに微妙に振動しています。身体、つまり潜在意識に動くと念じれば、必ず動きだします。自分自身のご神氣のスイッチをオンにするのです。自然に動きが止まるか、もう十分だと思ったらやめましょう。

鎮魂印の魂振り

私がセミナーで行う魂振りです。終わったあと、実にクリアになります。10分ほど行っています。

① 膝をゆるめて肩幅の広さに足を開いて立ちます。

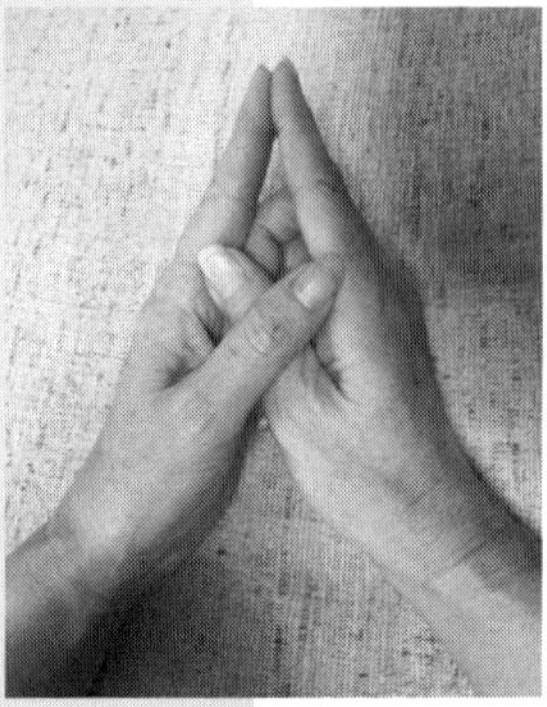

鎮魂印

②鎮魂印を組み、意図して両手を振ります。振りたいように、上下左右に自由に激しく動かします。
③そのうち、霊動法のように自動的に動く場合もあります。
④天津祓《あまつはらひ》「トホカミエミタメ」のご神言を口に出して何度も何度も繰り返し唱えながら行う場合もあります。
⑤最後に右上から左下に、剣印を使って「エイ！」と切り下します。

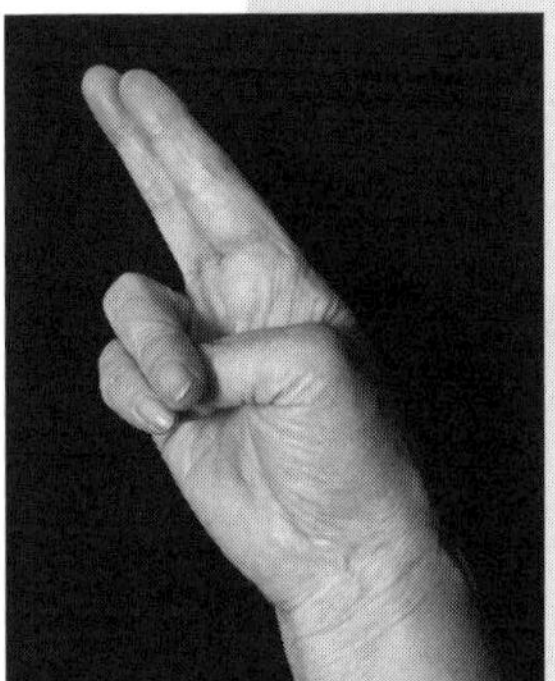
剣印

大きな声で唱えるエイッが実に気持ちよく、個人的には大好きです。

身体と心と精神は直結しています。何しろ三位一体ですから。できる限り、全体性を取り戻すためにも、意識的に身体を動かしましょう。

5．まじなひと儀式

古神道には、大国主命と少彦名神が創ったといわれるまじなひがたくさん伝わっています。儀式の形式と伝統の持つパワーはお伝えしました。まじなひも、儀式よりはずっと素朴ですが、特定の意図を持ってエネルギーを動かすという意味で同じとも言えます。

まじなひの語源は、あちらとこちらの身体と霊魂、天と地が交じるということから言われています。天地が交差する場所にマジックが起きるのですね。

護符やお守りも一種のおまじないといえるでしょう。

まじなひ

①幸運金運を招く術　紫白花買い術

紫と白は幸運と金運、白だけの花は、幸運を呼び込みます。

植物は天地や次元と次元をつなぎます。ぜひ、お家に花をたやさないようにしましょう！

②穢れをすぐ落とすまじなひ

これは祓ひのところでお伝えしました。
鈴や、水、お香や柏手など意図を持って使いましょう。

③歩きながら厄を避けるまじなひ

鈴を身につける鈴祓いが有効です。熊にもおそわれないい？

④旅や外出時の安全を祈るまじなひ

米祓い。出かける前に米を5粒まきます。

⑤風水をよくする香祓ひと水祓ひ

玄関や水回りをお香で満たしましょう。

玄関にうち水をすると運気があがります。

⑥丹生（朱砂）のまじなひ

水銀系の赤い土には豊かさを引き寄せるパワーがあります。

ビジネスのハンコを押すとき、印肉には、ぜひ水銀入りのものを使いましょう。

⑦折符のまじなひ

折り紙も、もとは伊勢の倭姫から伝えられたとされています。白い紙を意図を込めて、折ることで、パワーを宿らせました。折り紙はそこからスタートしています。

病気平癒に折り鶴や、豊かさを引き寄せるための宝船などがあります。

また恋愛成就の折符などもあります。

⑧結びのまじなひ　麻の力

しめ縄や水引に今でも見られる、結びが生み出すパワーを使ったおまじないです。叶結びなど、結びが生み出す力を使います。

麻は古来、しめ縄に使われ、魔除けのシンボルでもありました。

部屋に麻、できれば精麻を使ったものを飾るとよいでしょう。

簡単にまじなひをご紹介しましたが、**クリアな意図を込めたものはパワーを発揮します。**パワーストーンと呼ばれているものも、あなたが、どれほど心底その力を信じているかによって効果が左右されることも理解していてくださいね。

儀式　鏡御拝　自分自身の直霊を意識し拝礼する

神道は儀式にはじまり、儀式に終わります。地鎮祭、大祓いの儀式など、私たちはその厳かさと形に触れることはありますが、実際に儀式の持つすばらしい力を知っている人は少ないのではないでしょうか。

ここでは、宮中でもずっと行われてきたという、鏡を使った鏡御拝《かがみぎょはい》の儀式のエッセンスをお伝えして、日常に生かしていただこうと思います。

神道では神の依り代《よしろ》として、鏡を使います。神社によっては、参拝するときに、祭壇の鏡に自分の顔が映るところがあります。鏡に映った自分自身に向かって、参拝するということになります。

和の叡智のすばらしいところは、自分自身が神の分け御魂であることを知っているということです。神道では天之御中主神が元になる大樹で、私たちはその枝であるとよくたとえられます。

玉串奉典では、お榊を根元のほうを祭壇に向けて捧げます。これは「元つ木」である神が私たちの根っこであることを表しているのです。

私の中の内なる神は天之御中主神そのもののエネルギー。

では自神拝《じしんぱい》とも言われている鏡の儀式を、現代風にアレンジしてご紹介します。

朝起きたら顔と手を洗ってから行いましょう。それ以外のときも、顔と手を洗ってから行います。

鏡御拝

① 鏡に向かって微笑《ほほえ》みましょう。口角を上げると頭頂からたくさんご神氣が流れてきます。
② 合掌して二礼に拍手
③ 鏡の中の自分を見ます。目の奥の、自分自身の本質とつながることを意図します。
深くゆっくりと呼吸して、自分の中の宇宙の始まりとつながってください。

私たちは神聖です。ここが一番大切です。私の中に、神様がいます。

④ 自分の言葉で大好きだと伝えましょう。あるいは、自分をまるごとそのまんま受けいれます。

「私は私を大好き！」

無理して言うのではなく、内在する神のエネルギーを感じたら、素直に言えると思います。鏡の前で深く呼吸して、ビッグバンから気の遠くなるような旅をしてきた自分自身に敬意を表してください。

⑤ 最後に、喜びと感謝のエネルギーで鏡の中の自分と自分自身を満たします。喜び感謝の波動は、魂の波動そのものだからです。

⑥ 二拍手二拝で儀式を終わります。

以上が鏡の儀式です。天皇陛下も宮中で、ずっとこの儀式をされてきたようです。鏡の儀式のときだけではなくて、ふっと街のショウウィンドウに自分が映ったとき、ぜひ、自分の中の分け御魂の直霊に挨拶してください。

どこでも自分が映ったとき、その奥の大もとのエネルギー、天之御中主神、天照大御神である本来の自分自身と意識的につながったら、近づいてくる奇跡の足音がなんとなく聞こえてくると思いませんか？

古神道系の鎮魂も祓ひも、毎日同じ場所で同じ時間に誠意をもって行えば、儀式となります。やりたいところから、実践しましょう!!

第五章

望む豊かさを手に入れる！

69 豊かさのエネルギーを受け取りましょう！

それでは、実際に豊かさを手に入れてみましょう。

豊かさは欠乏の対極ではありません。ただ、頭と心が一つになって「私が私」になれば、シンプルに豊かなエネルギーが降り注ぎ始めます。

ただ、ここでは豊かさを取り上げていますが、現実化のしくみはすべて同じ。人間関係も含めた人生そのものをクリエイトする方法です。

これまでに耳にたこができるほど、繰り返してきましたが、ここでもう一度！

永遠不滅の分け御魂の**魂**と、生存に一生懸命の**魄**《はく》が合一したら、望みは叶います。

ですから、これまでにご紹介した神人合一のための行そのものが、すべて豊かさを手に入れる方法です。

そうはいってもなかなか現実はままならないとおっしゃるかもしれません。

ともかく、自分は「本当は何を手に入れたいのか」、そして、自分で自分の足をひっぱっているのですから、「じゃまをしているのは何か」を知ることが第一歩になります。


まずは自己認識です。


どうぞご自身に問いかけてください。

「私にとっての豊かさとは何か」

この答えが結構難しいかもしれません。豊かさとは、心が満たされていることだと申し上げました。

もし何でも手に入る魔法の杖があったとしたら、心が満たされている状態とは具体的にどのような生活でしょう。

欲しいものを手に入れるために、ここで自分自身の「足ひっぱり度」チェックです。
こんな思い込みをしていませんか？

＊ **自分はどうせダメだ** ⬇ 基本的自己価値が低い。肩身がせまい遠慮の人生。
＊ **○○になれば、○○が手に入る** ⬇ 時間さえあれば片づけられるのに。言い訳人生。
＊ **私にはわからない** ⬇ 叡智の源が自分の外にあるとの思い込み。責任のがれの人生。
＊ **問題解決の答えは未来にある** ⬇ 素敵な人さえ現れたら幸せになれるのに。未来を生きる空想人生。
＊ **過去のせいだ** ⬇ あんな母親にさえ育てられなければ。過去を生きる犠牲者人生。
＊ **私のせいじゃない** ⬇ 職場のあの人が悪いから。自分の責任をとらない無責任人生。

一つでも自分にあてはまったら、要チェック。どの項目も、全部言い訳で、自分の体験に責任をとらずに、自己憐憫という最大の罠にはまっているサインです。すべてが、自己正当化の物語。正しくないと生きてこられなかったからです。

周りを見回してからもう一度思い出してください。天之御中主神の私たちなのですから、魂魄《こんぱく》ひっくるめた今の自分が手に入れたいものは、実は現在の生活そのものだということです。

過去の傷や後悔にもとらわれず、未来の不安や心配事にもとらわれず、一切の裁きのない「中今《なかいま》」に生きる。

この一点につきます。

直霊をもう一度取り戻すための実践法が第三、第四章です。

ここを踏まえたうえで、現実化の方法をご紹介しますね。

豊かなお金の現実化

豊かさで一番わかりやすいのがお金。

ここではお金を例にあげて現実化のしくみをお伝えしましょう。

この三つの質問の答えを考えましょう。

＊　あなたにとって、豊かなお金とはどれくらいですか。

＊　あなたはお金が好きですか。

＊　子どものころ、両親や権威者から受け取った、お金に対するメッセージは何？

「信念」「感情」「ＤＮＡ」の順番で現実に影響を及ぼします。

①　自分が豊かだと思うお金は実際いくらでしょう。

これは人によって違います。１００万円から10億円以上までいろいろ。
自分の心地よい金額が現実化しやすいです。

②　好き嫌いは、一番身体と潜在意識を表しています。

③　自分の信念をチェックしてください。
特に親からの、有言無言の信念の刷り込み、これが一番大きいです。

＊　お金がたくさんあったらろくなことがない。
＊　働かざるもの食うべからず。
＊　頑張らないとお金は手に入らない。
＊　お金持ちはみんな悪いやつだ。
＊　清貧こそ霊的な道。

などなど。これらが一番強力なブロッカーです。そして、ほとんどが同じテーマの過去世とつながっていることが多いのです。

小さいころ、権威のある人たちから言われたプログラムは潜在意識に刷り込まれています。また、いつもお金に苦労している親を見ていたら、それが真実だと受け入れてしまいます。無意識的に親の真似をすることが、親に愛されることだと思うからです。

豊かさの現実化のステップ

① **内面のお掃除**　信念と感情をクリア。

② **環境を整える**　心の中と外は一つ。心と同時に環境のクリアリングです。豊かさの流れやすい家や部屋をつくりましょう。

③ **何を手に入れたいか明確にする**　お金ならいくらか。手に入れたときの感

覚や感情も含めてリアルに思い描く。
これが難しいです。私たちは何を手に入れたくないかはわかるのですが、何を手に入れたいかが不明確です。行き先がわからなければ、エネルギーは迷います。

④**真心を持って天地に意図を放つ**　心から真摯に言霊を放ったあと忘れる。いい加減な気持ちからは現実化は起こりません。

⑤**手に入るという確信を持つ**　ただ信じる。

⑥**しっかりと受け取る**　ここが一番の難関かもしれません。

私たちは集合意識として、自分だけがお金持ちになることに、どこかに罪悪感を持ちます。なぜか悪いと感じて、お金持ちになったら、寄付しますからとか、孤児のための施設をつくるからお金が欲しいなどと思いがちです。

何か役にたつことに使うからお金を得たいなどの、言い訳や理由づけは一切不要！

お金を得る歓びのためだけに現実化しましょう！

以上がお金の現実化のステップです。

69 他の具体的なまじなひワーク

① 豊かさを象徴する匂いを選び、1日に数回かいだあと、「これはお金の匂い、お金大好き」と唱える。

② お金を両手で挟み、ヒーリングする。次の人のところに行ったとき、その人が豊かになりますようにと意図する。

③ 豊かさのマントラ「ざんざらざらめる、ざんざらざーん」。弁天様や他のアバターのサポートを遠慮なく受け取りましょう。

豊かさの現実化のための瞑想と儀式

ハートの意図を第一チャクラの現実のエネルギーに降ろしたあと、喉のチャクラから言霊を放ちます。

現実化の印は小指を交差して右小指は左親指、左小指は右親指の指先とつけます。薬指を背中あわせに立てるのがポイント。人さし指と中指で反対の手の人さし指、中指をはさみます。

① 呼吸で心身を整える。聖地の瞑想で中心の意識に入る。
② 現実化の印をむすぶ（次ページの写真参照）。
③ 現実化したいものを、短い一言にまとめておく。10億円！　とかです。あなた自身にわかっていればＯＫ。感情のエネルギーののった言霊を使いましょう。
④ 呼吸でエネルギーをまずハートで呼吸。もう手に入れたような感覚が大切。

⑤ そのエネルギーを今度は第1チャクラのレベルに降ろして、深く呼吸します。

⑥ 十分だと思えたら、背骨をとおし、喉のチャクラで呼吸。

エネルギーが確実に拡大した感覚が起きてきたら、用意した言霊を天に向かって声に出して放ちます。声を発すると同時に、印をほどいて両手を天に向かって広げながら唱えます。

⑦ 言霊のエネルギーが多次元的に全方向に放射されるのをイメージします。

声は、ゆるぎなく、丹田から出しましょう。

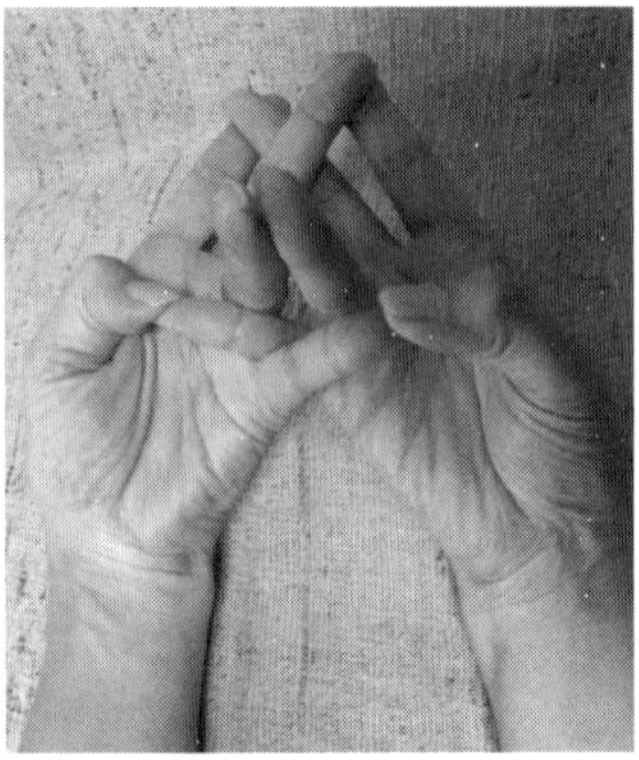

願望実現の印（正面）

願望実現の印（横）

⑧　あとは天にゆだねて忘れましょう。

以上ですが、ゲリー・ボーネル氏が伝える古代の叡智の召喚文を基にした次の言霊を宣言して儀式を終了しましょう。

自由と豊かさを召喚する言霊

私は（あなたの名前を唱えてください）
私の名は神聖である。我あり
私は進化する身体感覚意識に宿った、永遠不変の魂意識である。
我あり（I　AM）
私の身体は神聖であり、内なる神の宿る神殿である。我あり

私は、私自身の王国の君主である。我あり

私は、地球上にあると同時に、私はすべての次元に存在する。我あり

そしてそのすべてが神聖である。我あり
私の魂意識と身体感覚意識は一つである。我あり
私は大いなる叡智と一つである。我あり
私の意図と結果は一つである。我あり
私は私の情熱と一つである。我あり

私はバランスしたパワー、完全な力である。我あり

私はこの瞬間、私を制限するすべての信念を解放すると同時に、
私を制限するすべての信念も私を解放する。我あり

私は真の権威をもった、自主独立した存在である。我あり
故に、私は無限の豊かさを歓びそのものとして享受する。我あり
私は完全に自由な、自主独立した聖なる存在として、
私は慈悲と明晰さに満ち、私自身の豊かさを創造する。我あり
私はこの瞬間に存在する。我あり
私はまことの豊かさである。我あり
このすべてが私である。我あり

⑥⑨ 和の叡智の豊かさの儀式

古神道系の簡単な儀式もご紹介します。
これは主にセミナーで行っている私の方法です。

① 手を洗い、口をすすぎます。
② 鎮魂印（180ページ）を組み息吹永世の呼吸法（168ページ）で意識を整えます。
③ 大祓詞（190ページ）か清明神咒（198ページ）を唱えます。
④ 天乃咲手印（194ページ）を組み、十言神咒（194ページ）を唱えます。「あまてらすおほみかみ」を10回。
⑤ 鎮魂印を組んで呼吸を整えてから、丹田から宇宙へ言霊を放ちます。

⑥　言霊のエネルギーが天地すべてにあまねき、自らもそこに包まれるイメージで。
⑦　天地、森羅万象のすべてに感謝のエネルギーを送ります。
⑧　最後に六根清浄大祓の祝詞（90ページ）を唱えます。

儀式に精麻を使う

精麻を使った儀式も意図を放つのにパワフルです。鎮魂印を組んで言霊を放つ代わりに、麻をこまむすび（本結び）にして、その結び目に言霊の意図をのせて息を3回吹きかけ、輪をきゅっと閉じます。3度目に息を吐くとき、意図をのせた音を放ちます。結びのまじなひです。

意図を込めた精麻の結び飾りは、神棚に置いておいてもよいですし、持ち歩いてもかまいません。願いが叶ったら、燃やして感謝とともに天に返しましょう。

儀式は現実化の最大のパワーです。

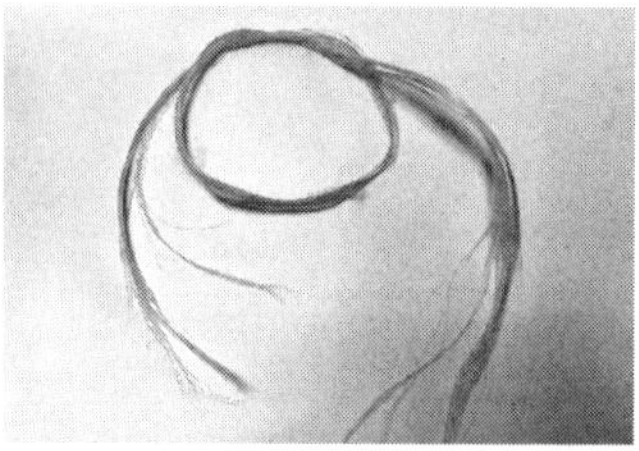

①1回普通に結びます

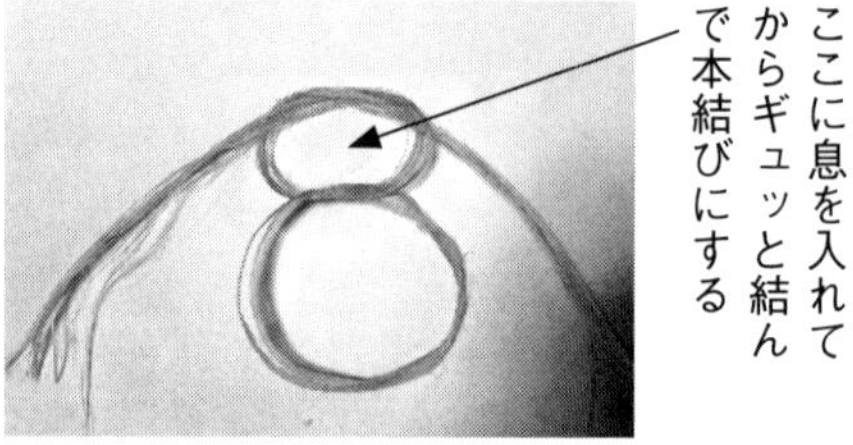
ここに息を入れて
からギュッと結ん
で本結びにする

②結びの上の輪に息をいれます

③完成

参考：本結びのかたち

結びの言葉――結びは産《むす》び

私たちは今、集合意識がいよいよ「神人合一」に移りゆく宇宙のビッグイベントのまっただ中に生きています。なんだかわくわくしてきませんか。

それぞれの内なる天照大御神が、天の岩戸から顔を出し始めているのです。古事記では、天照大御神が顔をのぞかせたとき、女神がごらんになったのは、八咫鏡《やたのかがみ》に映ったご自分のお姿でした。今、一人一人が、天の岩戸を開くときです。

私たちも自分の中に降りて、直霊《なほひ》である私たち本来の内なる神を、今宿っているこの身体で体感できるなら、世界は再び光に溢れることでしょう。一日少しの時間でもかまいません。脳波がゆったりとする何か……ご自分が無理しないでできる瞑想をしてみましょう。編み物も立派な動の瞑想になり得ます。

この世界のしくみを理解して、あなたの現実を創造していきましょう。今は私自身、望むものは、奇跡のように手元に現実化できるようになってきました。

例えば、杓《しゃく》という神官が使う神具を入れる袋を探していたら、まさに大きさも長さもピッタリの、帯の生地でつくった袋をいただくといったような具合です。それも、私がそんな袋を探していることをまったく知らない方からのプレゼントでした。

古代の叡智《ノウィング》では、この世界は5つ星のレストランによくたとえられます。5つ星のレストランの素敵な席に案内されたら、あなたがしなければならないのは、メニューを見て、食べたいものをオーダーするだけ。そうですよね！

わざわざ厨房へ行って、シェフの名前を知る必要も、どこから材料を仕入れなさいと指示する必要も一切ありません。オーダーして、あとは食べたいものが目の前に来ることを安心して待っていればいいだけです。

そのとき、お隣のテーブルに届いたものが、急に欲しくなってオーダーを変えるなんてことをするのはＮＧ。それは、自分が何を本当に食べたいのか……手に入れたいのかがわかっていないのです。わかっていないと、オーダーする声にパワーが宿りません。ただこれって決めるだけです。

意図をのせた言霊を放ったら、あとは、私たちの周りに存在する数えきれない目に見えない存在たち、そして目に見えるご縁のある人たちが、強力に応援してくれます。神々や精霊たち、天使存在たちやご先祖さまや守護スピリットたちは、私たちを心から応援したいと願っています。感謝しかありません！　すばらしいエネルギーネットワークが、一人一人の真摯な祈りに応えてくれるのです。

とどのつまりは、自分自身を知ることが一番の鍵です。

小さいころから、開発してきた生き残り戦略は、今までとても役に立ってくれました。感謝して手放し、戦略や計算から自由になって、自分の真心を感じましょう。感情や気持ちが、本来の自分を知る手がかりになります。

ともかく、自分をまるごと受け入れましょう！

自分を裁かないで、「あ～そうなんだ」と観察しましょう。私は「ああそうなんだ教」の教祖です（笑）。

感情は抑えないで、適切な形でめいっぱい味わいましょう。ため込まなければ、怒りも問題なし！

日本人は、森羅万象に神聖さを見出していました。つまり、聖と俗とを分けていなかったのです。伊耶那美命の排せつ物などからも神々はたくさん生まれています。きれいも汚いもなく、すべてが神。この私たちの現実が森羅万象八百万の神々のあまねく高天原です。

古神道には、「むすび」というとても大切な言葉があります。

時空に縛られない魂の世界では、始まりは終わりであり終わりは始まり。何かの終わりは、何か新しい始まりです。結びは産び。

この本を読んでくださった皆さんの内なる神様は、何か新しいことを始めてくださるのではないでしょうか。


最後に再び天の岩戸のお話です。岩戸の前で天宇受売命がさかさまにした桶の上で踊ると、神々は大喜び！　大笑いしたその笑い声で、天照大御神はお顔をのぞかせました。

今、すぐにでも私たちにできることは笑うことです。腹から大笑いするとき、私たちは魂魄《こんぱく》合一状態になっています。落語でもコメディでも見てください。笑う真似をし始めると、何もおかしくなくても本当に笑いが生まれてきます。笑いは伝染します。

高天原の波動は、感謝とスマイル。笑顔に満ちた人生をご一緒に創造していきましょう！

お笑いはお祓ひ！

大野百合子

参考文献

『古神道祝詞』(古川陽明、太玄社)
『叡智の道』(ゲリー・ボーネル、ヒカルランド)
『アトランティスの叡智』(ゲリー・ボーネル、徳間書店)

大野百合子（おおの　ゆりこ）

『日本の神様カード』『日本の神託カード』著者。 催眠療法家、講師。

心理学、精神世界、ボディワークなどの通訳、翻訳を通して、自らも学びを深め、2003年から退行催眠を中心にした統合療法のセラピストとなる。

神秘家であり、哲学博士のゲリー・ボーネル氏に師事、2007年より古代の叡智ノウイングを伝える講師として、ボディ、マインド、スピリットの統合を目指して、古代の叡智や心と身体の仕組みを伝えている。

また、教派神道講師の資格を持ち、全国各地で『日本の神様カード』『日本の神託カード』（ともにヴィジョナリー・カンパニー）をとおして、古神道に伝わる神人合一の日本古来の叡智を伝える「和の叡智講座」、この他ワークショップや催眠療法等のセミナーを開催している。体験型で笑いに満ちたセミナーは楽しみながら潜在意識へ深く作用するため、参加者の方の多くが、確実な変化を実感できるものとなっている。

著書に『内なる神様とつながって セルフパワーを活性化する！』（徳間書店）、『そうだ 魔法使いになろう！ 望む豊かさを手に入れる』（吉本ばなな氏との共著、徳間書店）、『神々の住まう場所から届いた33のメッセージ』（マガジンハウス）、『人生を変える過去世セラピー』（PHP）、『日本の神様言霊ノート』（永岡書店）、訳書に『叡智の道』（ゲリー・ボーネル著、ヒカルランド）など多数。

漫画『スピリチュアルかあさん』（大野舞著、KADOKAWA／メディアファクトリー）シリーズのモデルでもある。

大野百合子公式サイト／アイユニティ
http://www.ohnoyuriko.com/
ブログ　https://ameblo.jp/iunityyuri/

レムリア＆古神道の魔法で面白いほど願いはかなう！
古代日本の「祈り」が起こす奇跡

第1刷　2017年12月31日
第3刷　2020年 7 月20日

著者　大野百合子
発行者　小宮英行
発行所　株式会社徳間書店
〒141-8202　東京都品川区上大崎3-1-1 目黒セントラルスクエア
電話　編集(03)5403-4344／販売(049)293-5521
振替　00140-0-44392
本文印刷　本郷印刷(株)
カバー印刷　真生印刷(株)
製本所　ナショナル製本協同組合

Printed in Japan
ISBN978-4-19-864529-8